DIEDERICHS
GELBE REIHE

Der Medizinmann (Acrylmalerei von Saul Williams)

Basil Johnston

Großer Weißer Falke

Der Lebenskreis eines Ojibwa

Aus dem Englischen übersetzt
von Jochen Eggert

Eugen Diederichs Verlag

Titel der kanadischen Originalausgabe: Ojibway Ceremonies
(McClelland and Stewart Limited, Toronto)
Umschlagbild: Blake Debassige

CIP-Kurztitelaufnahme der Deutschen Bibliothek
Johnston, Basil:
Grosser Weisser Falke: d. Lebenskreis e. Ojibwa
Basil Johnston. Aus d. Engl. übers. von Jochen Eggert.
1. Aufl. – Köln: Diederichs, 1987.
(Diederichs Gelbe Reihe; 69: Indianer)
Einheitssacht.: Ojibway ceremonies <dt.>
ISBN 3-424-00879-6
NE: GT

1. Auflage 1987
© 1982 by McClelland and Stewart Limited, Toronto
© der deutschen Ausgabe beim Eugen Diederichs Verlag
GmbH & Co. KG, Köln
Umschlaggestaltung: Eberhart May, Bergisch Gladbach
Satz: Fotosatz Harten, Köln
Druck und Bindung: Buch- und Offsetdruckerei Wagner GmbH, Nördlingen
ISBN 3-424-00879-6

Inhalt

Vorwort

Die Erforschung der eigenen Geist-Seele ist für die Völker der Ojibwa-Sprachfamilie seit jeher der Zugang zum Verständnis von Ursprung und Wesen des Lebens und des Todes gewesen. In Träumen und bei der Visionssuche fanden sie ihre Offenbarung – ein Wissen, welches in Geschichten und Rituale eingebunden werden konnte, um stets aufs neue lebendige Wirklichkeit zu werden. Doch sie gewannen nicht nur Einsicht, sondern auch Ehrfurcht vor dem Mysterium des Lebens in allen Dingen, in Menschen, Tieren, Pflanzen und in der Erde selbst.

Ganz auf sich allein gestellt, suchten Fischer und Jäger die Schutzherrschaft und Vergebung der Manitus*, der Herren aller Tiere und Vögel. Medizinmänner und Medizinfrauen riefen die Mysterien an, ihre Heilkräfte auf die Kräuter zu übertragen, die sie in ihren Arzneien verwendeten. Öffentlich wurden Rituale und Zeremonien abgehalten, und hier ging es darum, die Menschen im rechten Lebenswandel zu bestärken, Kitche Manitu und die anderen Gottheiten um ihren Segen zu bitten oder für gute Jagd und reiche Ernte Dank zu sagen. An Ursprung und Form dieser Zeremonien, an ihren Gebeten und Gesängen läßt sich ablesen, welches Verständnis von moralischer Ordnung die Ojibwa sprechenden Völker besaßen.

---

* Die richtige Übersetzung für das Wort *Manitu* (wie etwa in Kitche Manitu) lautet nicht »Geist«, sondern »Mysterium« oder »Geheimnis«. Der Ausdruck konnte sich auf Orte beziehen, die etwas Besonderes hatten, oder auf Pflanzen, die geheimnisvolle Wachstums- und Heilkräfte besaßen. Ebenfalls konnte er sich auch auf Männer und Frauen beziehen, die über unerklärliche Kräfte verfügten – etwa auf die Heiler, die sich mit den Kräften der Pflanzen auskannten.

Ich widme dieses Buch dem Gedächtnis meiner verstorbenen Eltern Rufus und Mary. Außerdem möchte ich meinem Freund und Lehrer Sam Zawamik für Rat und Anleitung danken und Dr. E. S. Rogers, dem Freund und Kollegen in der ethnologischen Abteilung des Royal Ontario Museum, für Zuspruch und Unterstützung. Dank gebührt schließlich auch meiner Familie und meinen Freunden für ihre Geduld während der langen Zeit des zurückgezogenen Arbeitens.

Ortsnamen und ihre heutigen Entsprechungen

Boweting (Ort der Stromschnellen) – Sault Ste. Marie
Gaumeenautikawayauk (Ort der Vielen Beeren) Thunder Bay
Kitche-Gaugeedjwung (Großer Wasserfall) – Niagara-Fälle
Kitche-Ojibwa-Gameeng (Großes Meer der Anishnabeg) –
　Oberer See
Mishigameeng (Großer See) – Michigan-See
Mishee Mackinakong (Ort der großen Schildkröte) –
　Michilimackinac
Moningwunaekauning (Ort des Gelben Spechts) –
　Madeleine Island
Nipigong (Ort der Wasser) – Nipigon
Nipissing (Ort der Ulmen) – Nipissing
Teemigameeng (Tiefer See) – Timagami
Wausswaugunning (Ort des Fackelfischens) – Lac du Flambeau
Wauwi-Autinoong (Runder See) – St.-Clair-See

Die Zeremonie der Namengebung
Wauweendaussowin

Der Anfang

Waubizeequae (Schwan-Frau) hielt ihr Kind in der Armbeuge und drückte es an die Brust.

»Ogauh, würdest du Cheengwun bitten, unserem Sohn einen Namen zu geben?« fragte sie ihren Mann.

Ogauh (Hecht) zögerte. »Sollten wir nicht warten, bis er ein weniger größer ist, ein bißchen älter?« Er war nicht gegen die Namengebung, er fand sie nur nicht so dringend. Unter den Anishnabeg (oder Ojibwa) galt jede Hast als überflüssig. Die Kinder erhielten meistens erst ein oder zwei Jahre nach der Geburt einen Namen, aber es kam auch vor, daß es zehn oder zwölf Jahre bis zu diesem Ereignis dauerte.

Aber Waubizeequae bestand darauf. »Ich will damit nicht warten, bis unser Kind krank wird. Ich möchte, daß er bald einen Namen bekommt.«

Ogauh nickte und stand auf. Er durchquerte das Dorf, das vom Lachen der Kinder erfüllt war, vom geschäftigen Treiben der Männer und Frauen. Die Kinder spielten Fangen und balgten sich, oder sie trugen Bündel von Reisigholz zum Feuermachen herbei. Nahe der Dorfmitte saß eine alte Frau auf der Erde und beugte sich über eine Tierhaut, aus der sie eine Jacke machte. Ein Stück entfernt zurrte Auniquot (Wolke) Spanten am Kiel eines Kanus fest und etwas weiter weg hängten die Frauen in Streifen geschnittenes Fleisch an Holzstangen auf, andere preßten Beeren in Behälter aus Birkenrinde. Nur die Kinder rannten bei ihren Spielen; sonst deutete nichts darauf hin, daß es hier irgend jemand eilig hatte. Selbst die Geräusche – das Bellen der allgegenwärtigen Hunde, das Plaudern der Frauen, das gedämpfte

Lachen der alten Männer – bildeten einen beschaulichen Hintergrund.

Cheengwun (Meteor) war nicht zu Hause. Kitchi-Zaudee (Große Pappel) meinte, der alte Mann sei wohl den Hügel hinaufgegangen, um auf der anderen Seite Medizin zu sammeln. Als Ogauh ihn schließlich fand, kniete er zwischen den Pflanzen und war ganz in seine Arbeit vertieft. Ogauh störte ihn nicht, denn das Sammeln von Medizin war weit mehr als bloß das Ausgraben von Wurzeln. Blätter und Stengel zu schneiden und Wurzeln aufzugraben, war selbst ein Ritual, tiefster Ausdruck der Ehrfurcht vor dem Mysterium des Lebens und vor dem Wesen und der Heilkraft der Pflanze. Cheengwun sprach die Pflanzen dabei als empfindungsfähige Wesen an; er bat sie, den Kranken ihre Heilkräfte mitzuteilen und ihm zu vergeben, daß er sie aus der Erde, ihrer Lebensgrundlage, entfernen mußte. »Die Kranken brauchen dich. Du bist stark und gesund und hast dein Werk getan. Kitche Manitu hat dir etwas mitgegeben, das für dich selbst und das Wohl anderer gut ist. Ich will dich nicht für mich selbst, sondern für die Kranken … damit sie gesund werden. Verzeih mir, daß ich dich fortnehme. Dir und Kitche Manitu opfere ich diesen Tabak.« So sprach Cheengwun mit jeder Pflanze, wenn er sie von ihrem Platz entfernte und dafür ein Tabakopfer in die Erde legte.

Cheengwun legte sein Bündel zusammen und verschnürte es, bevor er aufstand. »Da ist etwas«, sagte er ohne aufzublicken, als wüßte er, daß Ogauh schon die ganze Zeit dagestanden hatte. Ogauh sprach. »Ich bin gekommen, dich zu bitten, daß du unserem Sohn einen Namen gibst.«

»Oh!« Cheengwuns Gesichtsausdruck drückte Zustimmung aus; dann schwang er sein Bündel über die rechte Schulter.

Auf dem Rückweg ins Dorf ging Ogauh hinter Cheengwun her, der immer wieder stehenblieb, um sich irgendeiner Pflanze zuzuwenden; er betastete sie und ging dabei so sanft mit ihr um, wie man ein sehr zartes und empfindungsfähiges Lebewesen behandeln würde. Sinn und Augen waren auf nichts anderes als die Pflanzen gerichtet, die in üppiger Fülle auf dem Waldboden wuchsen. Es war, als sei Ogauh gar nicht da. Nichts war so wichtig wie diese Pflanzen.

Als sie sich aber im Dorf trennten, sagte Cheengwun zu Ogauh: »Ich werde dich den Zeitpunkt wissen lassen.«

Die Suche

Äußerlich betrachtet, war die Verleihung eines Namens etwas sehr Einfaches. Doch vor der eigentlichen Zeremonie lagen Tage der Meditation und Nächte des Träumens. Ein Name war nämlich nicht nur eine Benennung oder eine Form der Anrede; er stellte zum Zeitpunkt seiner Verleihung eine Identität dar und war später mitbestimmend für den Ruf, den »Namen« seines Trägers. Bis zur Namengebung hatte ein Kind keine eigene Identität, außer seinen Eltern gegenüber. Es war nur ein Wesen mit einem Potential, dem unter günstigen Umständen und mit der notwendigen Führung eine Zukunft beschieden sein mochte. Daher war die Aufgabe des Namengebers keine leichtzunehmende Sache. Er hatte nicht nur einen Namen zu verleihen, sondern übernahm dadurch auch eine gewisse Verantwortung für das Kind. Die Bitte, einen Namen zu verleihen, bedeutete für den Namengeber zugleich die Aufforderung, wie ein zweiter Vater für das Kind zu sein.

Vielen Stammesangehörigen hatte der alte Cheengwun schon Namen gegeben, aber es war dadurch nicht zu einer leichten Aufgabe für ihn geworden. Es genügte nicht, sich zu erinnern; er mußte sich immer aufs neue ins Traumreich begeben und dort Erleuchtung oder Offenbarung suchen. Das war der schwierigste Teil der Aufgabe. Manchmal stellte sich schon kurz nach Beginn seiner Traumsuche ein Name ein. Doch meist vergingen Monate der Meditation, bis die Schutzgeister der Träume Cheengwun in ihre Welt einließen und ihm das Gesuchte enthüllten. Diesmal brauchte er dazu zwei Monate.

Und als es endlich geschah, ging er direkt zu Ogauhs Hütte und kündigte ihm den Tag der Zeremonie an. »In vier Tagen«, sagte er, »werde ich deinem Kind einen Namen geben.«

Vorbereitung

Während der nächsten vier Tage säuberte Cheengwuns Frau die Hütte; sie ersetzte die Bodenabdeckung durch frische Zedernzweige und ordnete alle Haushaltsbündel. Ihr Patenkind sollte süßen Zedernduft atmen und von Sauberkeit umgeben sein. Vielleicht würde etwas von dieser Schönheit und Harmonie auf ihn übergehen. Vor allem hatte diese Erneuerung der Hütte den Sinn, einen angemessenen Rahmen für das bedeutsamste Ereignis im Leben eines Menschen zu schaffen: das Empfangen einer Identität durch Zeremonie und Namen. Von nun an würde das Kind einen Platz nahe dem Stammesfeuer und im Stammesdenken haben. Der Name, den es tragen würde, war ein Geschenk der Geister, rituell verliehen durch den Namengeber – ein Geschenk, das der Beschenkte in Ehren zu halten hatte und das im ganzen Stamm aufgrund seiner Herkunft geachtet wurde. Bei so einem feierlichen und weihevollen Anlaß mußte die Umgebung sauber sein. Cheengwuns Frau bereitete ein Festmahl für die Gäste, die Großeltern und Eltern des Kindes. Wild und Truthahn und geräucherten Weißfisch sollte es geben, Preiselbeeren, Äpfel, Blaubeeren und Ahornsirup.
Am Abend des vierten Tages erschienen die Gäste. Ogauh und seine Eltern und die Eltern seiner Frau brachten Geschenke mit, Tabak, Mais, Hand- und Beinschutz. Ogauh schenkte Cheengwun eine Pfeife, die er eigens für diese Gelegenheit gemacht hatte. Sie plauderten eine Weile, und dann sagte Cheengwun: »Ahau!« und winkte Waubizeeqae, der Mutter des Kindes, sich neben ihn zu setzen.
»Zuerst möchte ich euch erzählen, wie ich ein Namengeber wurde«, begann er.

Cheengwuns Geschenk

Ich empfing diese Gabe vor langer Zeit in einem Traum. Ich suchte sie nicht. Sie wurde mir im Schlaf einfach zuteil. Ich wurde aus dieser Welt genommen und durch die Himmel getragen, an den nahegelegenen Sternen vorbei, aber auch an den fernsten, bis ich in eine andere Welt gelangte. Ich wurde vor einem Eingang abgesetzt, wo eine alte Frau mich begrüßte und mir einschärfte, nicht zu schlafen in meinem Schlaf und nichts zu essen während meines Besuchs, denn sonst würde ich sterben. Dann sagte sie, ich dürfe gehen, wohin ich wolle, und so durchstreifte ich dieses fremde Land.

Mit seinen Bergen und Tälern, Ebenen und Wäldern, Seen und Flüssen schien dieses Land dem unsrigen ganz ähnlich zu sein. Doch die Farben waren anders. Nie hatte ich so leuchtende Farben gesehen. Ich weiß nicht, ob diese Farben selbst prächtiger waren als alle, die ich je gesehen hatte, oder ob meine Sinne schärfer waren. Und die Klänge dieses Landes waren wunderbar. Keine irdische Vogelstimme kann sich mit dem Gesang vergleichen, der durch diese Wälder schallte. Kein Donner der Erde ist so laut, wie er dort war. Und doch waren selbst die furchterregendsten Winde dort so lind wie unser Südwind.

Ich wanderte von Ort zu Ort, kam durch viele verlassene Dörfer, sah aber niemanden. Die Hütten waren leer und die Gestelle für die Nahrungsmittel von Vögeln und anderen Tieren leergefressen. Die Feuerstellen waren kalt, die Werkzeuge lagen verstreut umher. Niemand war da, nicht einmal Hunde, und das erschien mir sonderbar.

Ich setzte meinen Weg fort und war sicher, daß ich irgendwo auf Leute treffen würde. Vielleicht, dachte ich, waren sie alle bei irgendeinem Fest. Und dann, ich ging gerade einen Hügelhang hinunter, hörte ich unter mir Stimmen, schreiende Kinderstimmen. Ich ging, so leise ich konnte, weiter, bis ich die Kinder zwischen den Bäumen sah; da ich sie nicht erschrecken wollte und mich selbst auch nicht ganz sicher fühlte, kroch ich auf den

Knien weiter, bis ich ein Zederndickicht erreichte, das mich ihren Blicken verbarg.

Ich sah fünfzehn Jungen und Mädchen, die Gesichter mit Holzkohle geschwärzt, das Haar verfilzt und ungekämmt, und alle liefen über die Oberfläche eines Sees. Hin und her rannten sie von Ufer zu Ufer, der Schweiß rann ihnen über Gesicht und Rücken, und die Beine vermochten sie kaum noch zu tragen. Nur der Wille hielt sie aufrecht, und auch der würde bald nicht mehr ausreichen. Wie lange sie dort schon liefen, wußte ich nicht. Aber es mußte wohl schon eine lange Zeit sein, denn ihre Schultern hingen kraftlos herab, und die Knie knickten ihnen ein. Schließlich brachen sie einer nach dem anderen am Ufer zusammen und blieben dort keuchend und nach Atem ringend liegen.

Nach einer Weile richteten sich einige der Läufer auf und saßen mit einem Ausdruck von untröstlichem Schmerz im Gesicht da. Ich konnte meine Augen nicht abwenden. Nie hatte ich solche Traurigkeit gesehen. Zunächst war da der Schmerz des gepeinigten Körpers, der beim Ausruhen ganz langsam nachließ. Schärfer noch und hartnäckiger war aber der Seelenschmerz, der den Augen der Läufer einen stumpfen Ausdruck verlieh. Sie waren kaum wieder zu Atem und Kräften gekommen, als eine Stimme zu meiner Rechten sie erneut antrieb: »Ihr habt eure Ruhepause gehabt! Ihr müßt noch ein Weilchen laufen, bevor ihr heimgehen dürft.«

Ich kroch weiter vor, um zu sehen, wer den Läufern solche Befehle erteilte. Es war eine alte Frau; und auch sie litt unter einem tiefen Seelenschmerz. Erst am späten Nachmittag rief sie die Läufer vom See.

Irgend etwas war an diesem See und seinem Wasser, das mich fesselte. Jungen und Mädchen liefen über ihn hin ohne einzusinken; und doch bewegte sich das Wasser, konnte also nicht zu Eis erstarrt sein. Ich tauchte meine Hand hinein und dann den Arm. Schließlich zog ich meine Mokassins und den Beinschutz aus und watete hinein, bis das Wasser mir an die Schenkel reiche. Ich verstand das nicht. Weshalb trug das Wasser mich nicht, wie es die Kinder getragen hatte?

Während ich so im Wasser stand, fühlte ich, wie etwas über mich kam – als würde ich zusammengedrückt. Im nächsten Augenblick war ich am Grund des Sees und schwamm und glitt mühelos umher. Zum erstenmal sah ich das Bett eines Sees. Es war kein Geheimnis mehr.

Die ganze Nacht schwamm ich, schaute unter Vorsprünge, wand mich durch Schlingpflanzen und Schilf, schloß Bekanntschaft mit Forellen, Weißfischen und Barschen. Wie still und klar es in der Tiefe war! Ich blickte hinauf zur bewegten Oberfläche und durch sie hindurch in die Höhen des Himmels. Durch dieses flüssige Glas sah ich den Mond und die Sterne und Wolken merkwürdig wie im Traum verformt. Und als der Tag anbrach, öffnete das Licht meinem Blick weitere Dimensionen. Kurz nach Tagesanbruch kamen die Kinder und begannen zu laufen. Von unten sah ich ihre welligen Gestalten vorbeischießen und hörte fern ihre Schreie. Das Echo ihrer Schritte hallte zwischen Ufern und Untiefen wider wie der Klang von berstendem Eis irgendwo in der Unendlichkeit. Von diesen Bildern und Klängen noch ganz gefangen, wurde ich plötzlich gepackt und an die Oberfläche gezogen. »Großmutter! Großmutter!« riefen die Kinder. »Schau nur, was wir gefunden haben.« Sie nahmen mich bei der Hand – ich war jetzt kein Wasserwesen mehr, sondern wieder ein Mensch, irgendwie während des Aufstiegs zurückverwandelt – und führten mich ans Ufer zu der alten Frau.

Sie winkte den Kindern, die sich um mich drängten. »Lauft weiter!« befahl sie. Und die Kinder wandten sich ihrer schweren Aufgabe wieder zu.

»Warum befiehlst du ihnen zu laufen?« fragte ich. »Sie sind doch keine Tiere. Siehst du denn nicht, daß sie müde sind?« Mit einer Stimme voller Traurigkeit antwortete die Alte: »Vor langer Zeit forderte ein Mann die Windigos zum Wettkampf heraus. Hätte er den Wettlauf gewonnen, so hätte er den Windigos das Leben genommen; doch er verlor, und der Stamm hatte einen entsetzlichen Preis zu zahlen. Jeden Tag kam ein Windigo in die Dörfer, um jemanden zu töten, und sie weideten sich an unserem Leiden und verhöhnten uns noch. Sie versprachen, den Stamm zu verschonen, sobald irgendein Mann oder eine Frau ihnen im Wettlauf überlegen war. Es ist schrecklich, daß dieser Mann vor langer Zeit die Windigos herausgefordert hat.« Die alte Frau seufzte. »Es gibt keine Hoffnung. Und doch laufen wir. Und wir werden laufen, bis wir nicht mehr sind. Einst waren wir Tausende – viele Dörfer. Jetzt sind es nur noch fünfzehn, morgen vierzehn, übermorgen dreizehn … Bald wird es vorüber sein, doch bis dahin müssen wir das Ritual des Fastens und der Traumsuche fortführen. Wir werden unsere Schutzgeister um Erlösung bitten und laufen – und ich werde die letzte sein.«

Und die Kinder liefen, bis sie völlig entkräftet zusammenbrachen. Erst dann rief die Alte ihnen zu, sie dürften heimgehen. Unterwegs fragten sie mich, wer ich sei und woher ich gekommen sei, und ich antwortete ihnen, so gut ich konnte. Wir erreichten das Dorf, und die Kinder ruhten sich aus, während die alte Frau Pilze sammelte, die dort überreichlich wuchsen. Sie gab jedem der Kinder einen kleinen Pilz zu essen, und obgleich sie sehr hungrig waren und um mehr bettelten, gab sie ihnen nicht mehr davon. Solange die Windigos nicht besiegt waren, durften sie nicht mehr als einen Pilz bekommen – dann aber würde es einen Festschmaus geben. Auch mir bot sie eine Portion Pilze an, die Nahrung der Toten, doch so hungrig ich auch war, ich lehnte ab. Nachdem die Kinder ihr Mahl verzehrt und ein wenig Wasser getrunken hatten, ließ die alte Frau sie schlafen und nach Träumen Ausschau halten.

Auch ich fühlte mich schläfrig, wagte aber nicht, dem nachzugeben. Um wach zu bleiben, beobachtete ich die Sterne – und die Wolken, die sich kräuselnd und schlängelnd über den Himmel zogen, ständig ihre Gestalt verändernd. Die fernen Wolken zogen langsam dahin, wie von ihrer eigenen Masse aufgehalten. Die nahen Wolken huschten über das Antlitz der Nacht, dunkle

Schwaden und Bäusche, geschwind und in stetem Wandel. Voranstürmend flüsterte die Anführerwolke: *Ich lasse euch hinter mir. Ihr seid zu langsam. Ich lasse euch hinter mir.*

Am Morgen kam die alte Frau in meine Hütte und bot mir abermals ein Pilzgericht an. Ich wagte nicht, es anzurühren. Aber als sie mich fragte, was ich geträumt habe, erzählte ich es ihr. Sie gab wieder jedem der Kinder einen Pilz zu essen und etwas Wasser zu trinken und fragte auch sie nach ihren Träumen. Die meisten schüttelten den Kopf. Die etwas geträumt hatten, berichteten. Und noch bevor die Kinder ihr karges Mahl verzehrt hatten, polterte die Erde, und ein dunkler Schatten senkte sich über das Dorf. Wie Donnergrollen erschallte eine Stimme: »Es ist Zeit! Eilt euch! Ich kann nicht warten!« Die Kinder schwärzten ihre Gesichter und brachen wortlos auf.

Auch ich wollte gehen, doch die Alte hielt mich zurück. Sie schwärzte ihr Gesicht, ließ sich auf die Knie fallen und wiegte sich jammernd und klagend vor und zurück. Am späteren Vormittag taumelten die Kinder ins Lager zurück, geschlagen und verzweifelt. Es waren nur noch vierzehn. Der Beste unter ihnen war besiegt worden, und die Windigos hatten ihn geholt.

Die Kinder scharten sich um mich und nahmen meine Hand, als könnte meine Berührung und Gegenwart ihnen in den letzten Tagen ihres Daseins Kraft und Trost spenden. Immer wieder fragten sie mich, wie lange ich bei ihnen bleiben würde. Als ich sagte, ich wisse es nicht, baten sie mich, als ihr »Großvater« bei ihnen zu bleiben.

Ich fragte sie nach ihren Namen, nach ihren Totems, woher sie kämen, wer sie seien und ob einige von ihnen Geschwister seien. Sie schüttelten den Kopf. Sie waren sich selbst und einander fremd. Die alte Frau hatte sie aus verschiedenen Gegenden des Landes zusammengeholt, um sie vor den Windigos zu verstecken; sie nannten sie zwar »Großmutter«, doch nicht einmal die alte Frau wußte, wer sie waren. Sie waren Fremde, namenlos. Um sie aufzumuntern, erzählte ich den ganzen Tag über Geschichten, und am Abend sah ich hier und da schon ein Lächeln auf den Gesichtern. Sie baten mich, nah bei ihnen zu schlafen. Aber ich schlief nicht. Ich saß da und beobachtete die Schatten der Bäume; die Blätter raschelten wie von unsichtbarer Hand gekämmt – oder so, als glitte ein Geist durch die Baumkronen. Manchmal stöhnten und knackten die Bäume, als läge eine schwere Last auf ihnen. Auge und Ohr waren auf nahegelegene Dinge gerichtet; der Geist verharrte bei den Kindern und ihrem Schicksal. Plötzlich hörte ich ganz leise so etwas wie einen Triumphschrei: *Ich lasse euch hinter mir. Ihr seid zu langsam. Ich lasse euch hinter mir.* Ich schaute auf den Boden, um zu sehen, woher die Stimme kam, und sah einen Zug Ameisen, der auf ein hohes Grasbüschel zusteuerte. Eine junge Ameise lief ihren Gefährten davon. Und während ich noch schaute, schwärmten die Ameisen nach allen Seiten davon, und ich vernahm keine Stimmen und keine Worte mehr.

Während des Morgenmahls donnerte abermals die Stimme über den Himmel: »Es ist Zeit. Eilt euch! Ich kann nicht warten.« Die Kinder schauten mich voller Entsetzen an. »Großvater, komm mit uns!« flehten sie.

Auf dem Weg vom Lager zum See wurde kein Wort gesprochen. Kein Wind regte sich, kein Vogelzwitschern brach die furchtbare Stille, die über diesem letzten Gang lastete. Am Ufer sprangen die Kinder davon und verbargen sich in Büschen und Mulden und hinter Felsen – wo immer sie Schutz fanden.

»Ihr könnt euch nicht verstecken!« ertönte die Stimme. »Ich finde euch doch, und ich hole euch alle!«

Ich trat hinaus auf den See und stand auf seiner Oberfläche, ohne einzusinken.

»Wer bist du?« fragte gebieterisch der Riese, als er mich sah.

»Ich bin Cheengwun.«

»Dann komm und lauf. Eil dich! Ich kann nicht warten.«

»Ich werde dich hinter mir lassen«, sagte ich.

»Du wagst zu glauben, daß du dich mit mir messen, mich gar übertreffen kannst?« brüllte der Riese. »Du! Menschlein! Das glaubst du wirklich?« Und er lachte höhnisch.

»Mir träumte, daß ich dich hinter mir lassen würde.«

»Ha!« fauchte er. »Ein Traum? Keiner hat mich oder meine Brüder je geschlagen. Deine Macht kann meiner niemals ebenbürtig sein. Deine Träume sind nichts gegen meine Träume. Ich habe zehn Tage lang gefastet, und ich träumte, mein Herausforderer sei eine Schnecke gewesen, die nicht einmal die Länge eines meiner Schritte zurückgelegt hatte, als ich die Ziellinie erreichte. Um den Hals trage ich diese Schnecke als Symbol meiner Schnelligkeit und meines Triumphs. Schau, Menschlein. Und wo ist dein Zeichen?«

»Ich trage keins. Mein Traum ist meine Kraft.«

»Du weißt, was auf dem Spiel steht?«

»Ja.«

»Und doch willst du gegen mich antreten?«

»Ja. Und ich werde dich hinter mir lassen.«

Und wir rannten los, vom einen Ende des Sees zum anderen. Ich lief leichtfüßig und übernahm sofort die Führung. An der Ziellinie erwartete ich den Windigo, in dessen Gesicht das Entsetzen geschrieben stand. Er warf sich mir zu Füßen, bettelte um Gnade und schwor, er werde niemals wiederkommen. Doch ich traute dem Ungeheuer nicht. Ich nahm meine Keule und tötete ihn. Ich kehrte ans andere Ufer zurück und rief den Kindern zu, sie könnten aus ihren Verstecken kommen. Sie wirkten verängstigt. Ich erzählte ihnen, daß ich den Windigo besiegt und erschlagen hatte. Um die letzten Zweifel zu zerstreuen, führte ich die Kinder und die alte Frau ans andere Ende des Sees, um ihnen die Leiche des Windigo zu zeigen.

Entsetzt schauderten sie vor dem toten Körper zurück. Ich hatte gedacht, sie würden erleichtert und froh sein, doch ihr Grauen schien jetzt noch größer zu sein als zuvor. Die Alte erklärte, es gebe viele Windigos, und die anderen würden gewiß kommen, den Tod ihres Bruders zu rächen – vielleicht schon am selben Nachmittag.

Aber keiner kam, und am Abend wagten die Kinder schon ein zaghaftes Lächeln. Selbst die alte Frau wirkte etwas gelöster und ließ die Kinder soviele Pilze essen, wie sie wollten. Es war ein Fest, und für ein Weilchen vergaßen sie ihre Sorgen. Doch als es Schlafenszeit war, kehrten die alten Ängste zurück. »Großvater«, fragten sie, »wirst du morgen wieder gegen die Windigos antreten?«

»Ja. Falls sie kommen.«

»Hast du keine Angst? Es gibt so viele.«

»Nein«, erwiderte ich. Und das war die Wahrheit. Ich empfand keine Furcht. Ich hatte meinen Traum.

Bei Tagesanbruch erzitterte die Erde, und eine Stimme zerriß die Morgenstille. »Cheengwun! Dich will ich haben. Du hast meinen Bruder erschlagen, und dafür werde ich dich töten. Bist du bereit?«

»Ich bin bereit!« rief ich zurück.

Als ich das Lager verließ, flüsterten die Kinder: »Großvater, sei auf der Hut. Laß ihn hinter dir.«

Am Ufer wartete der Windigo, Haß in den Augen, Haß in seiner ganzen Erscheinung und in seinem Atem der Tod. Doch ich fürchtete ihn nicht. Ich hielt mich ein wenig abseits von ihm, nicht aus Furcht, sondern weil ich ihm nicht traute. Beim Wettlauf brauchte ich mich nicht anzustrengen, denn mein Gegner war langsam. Ich blieb immer vor ihm, und wenn ich mich von Zeit zu Zeit umschaute, sah ich das Entsetzen in seinen Augen und um sein Maul. Ich erwartete ihn am anderen Ufer. Er stürzte völlig erschöpft hin, begann um sein Leben zu betteln und versprach, sein Stamm werde niemals wieder den Menschen nachstellen. Doch ich erschlug ihn ebenso wie seinen Bruder.

Dann machte ich mich auf die Suche nach den anderen Windigos, die das Land bewohnten. Ich erschlug sie einen nach dem anderen, und nur wenige entkamen nach Norden. Als ich ins Dorf der Kinder zurückkehrte, fand ich sie in tiefer Trauer und mit geschwärzten Gesichtern meinen Tod beklagend. Als sie aber hörten, was ich getan hatte, wurde aus der Trauer ein Fest. An jenem Abend aßen die Kinder nach Herzenslust und lachten, sie sangen und tanzten. Die alte Frau erinnerte mich unterdessen daran, daß die Kinder keine Namen besaßen. Bisher hatte das keine Bedeutung gehabt, denn es war ihnen ja bestimmt gewesen zu sterben – aber nun sollten sie leben, und da wäre es gut, wenn sie Namen bekämen. Die alte Frau bat mich, dafür zu sorgen. Ich hatte das Leben der Kinder gerettet, und jetzt konnte ich jedem von ihnen eine Identität verleihen. Sie selbst wollte ihnen helfen, ihre Anlagen zu verwirklichen. Zum Abschluß des Festes rief ich die Kinder zu mir und sagte ihnen, was ich vorhatte. Ihre Augen strahlten. Sie hatten mich als Großvater angenommen; jetzt würde ich sie durch die Namengebung als meine Enkel annehmen. Ich sagte ihnen auch, daß die Namen, die ich ihnen geben würde, Geschenke seien, die sie in Ehren halten mußten und niemals entweihen durften.

Mit dem ältesten beginnend, gab ich jedem Kind einen Namen gemäß den besonderen Eigenschaften, die ich an ihm bemerkt hatte. Und ich erinnere mich der Namen noch: Animkee-Wae-widum (Spricht Donner), Meegwun-Geezhigoquae (Feder-Himmel-Frau), Makatae-Geezis (Schwarzer Himmel), Mino-Nodiniquae (Sanfter-Wind-Frau), Shkotae-Auniquot (Feuer-wolke), Zaugutauhquae (Kleine Knospenfrau), Pigook (Pfeil), Zhaegwaukomaun (Stumpfes Messer), Ogidaubik (Auf dem Gipfel), Bookidoohnsh (Birne), Tibik-Inossae (Nachtgänger), Pugumaugun (Kriegskeule), Kitugaukoohnse (Hirschkalb) und Gazhee-Aush (Geschwinder Flug).

Nachdem Cheegwun die Geschichte seines Geschenks erzählt hatte, hielt er für einen Augenblick inne. Dann sprach er das Kind im Tragekob an. »N'Kweemiss«, sagte er, und das bedeutet Patensohn oder auch Namensvetter. »N'Kweemiss, ich hatte einen guten Traum. Du wirst einen guten Namen haben. Hör nur zu, ich werde dir meinen Traum erzählen.« Er legte einen kleinen Bogen und Pfeil neben das Kind, sein Geschenk für die-ses Wesen, das durch das Ritual der Namengebung zu seinem Enkel wurde. Seine Stimme wurde noch sanfter und leiser.

»Hört euch meinen Traum an«, sagte er zu Waubizeequae und Ogauh. »Erzählt ihn eurem Sohn immer wieder. Es ist ein bedeutsamer Traum voller guter Medizin.«

Die Geschichte des Namens

Ein alter Mann lebte mit seinem Enkel allein in einem entlegenen Teil des Landes am Ufer eines Flusses. Sie waren dorthin vor den Riesen geflohen, die die Menschen ihres Stammes töteten. Nur der alte Mann und sein Enkel hatten überlebt.

Sobald der kleine Junge alt genug war, schickte ihn der Großvater auf die Jagd. Als er das erste Mal auf Fährtensuche ging, wurde er von einem Wesen erschreckt, das aus einem Dickicht schoß. Verängstigt lief er zum Großvater zurück und beschrieb ihm die schreckliche Kreatur. Der Großvater erklärte ihm, es sei ein Kaninchen gewesen, harmlos und gut für den Kochtopf. Also ging der Junge zurück und erlegte es. Da es seine erste Jagdbeute war, kochte der Großvater das Kaninchen und führte die Zeremonie der ersten Jagd aus. Jetzt war der Junge ein Jäger, der sich selbst und seinen Großvater versorgen konnte. Niemals wieder fürchtete er sich vor irgend etwas oder irgend jemandem. Er wurde immer geschickter im Umgang mit Pfeil und Bogen und immer kühner bei der Jagd.

Bei einem seiner Jagdausflüge stieß der junge Mann auf einen verlassenen Lagerplatz. Das Gerüst der Hütte war windschief und morsch, gleich daneben lag ein kleiner Steinkreis als Feuerstelle. Jemand hatte hier gelagert und Feuer gemacht. Leute waren gekommen, hatten sich eine Weile hier aufgehalten und waren weitergezogen.

Doch obwohl sie fort waren, lag eine Ahnung über dem Ort, als wäre jemand hier. Es gab sonst keine Spuren. Alle Fährten zwischen Vergangenheit und Gegenwart hatten Regen, Schnee und Wind fortgewaschen und verweht. Doch das Gefühl, daß hier jemand sei, blieb – und der Gedanke, daß es doch andere Wesen gab, war für den jungen Mann ebenso beunruhigend wie erregend. Es gab außer ihm und seinem Großvater noch andere Leute!

Er lief heim und erzählte seinem Großvater von dem verlassenen Lagerplatz. Doch der alte Mann schüttelte den Kopf. »Das kann nicht sein«, sagte er. »Es kann nicht sein. Wir sind die einzigen Überlebenden, alle anderen wurden getötet. Es kann nicht sein.« Dann erzählte er, wie ein Mann sich einst auf eine Wette mit den Riesen eingelassen und verloren hatte. Die Riesen waren über den Stamm hergefallen und hatten jeden Mann, jede Frau und jedes Kind getötet. »Ich habe mich versteckt. Ich habe dich versteckt. Es gibt keine anderen Überlebenden. Du mußt dich geirrt haben. Du mußt diese Einbildung vergessen.«

Doch sein Enkel kehrte am nächsten Tag zu dem verlassenen Lager zurück. Als er neben dem Gerüst der Hütte stand, hörte er eine Stimme, die ihn ansprach. Die Stimme schien aus der Vergangenheit zu kommen und jemandem zu gehören, der mit den Augen nicht zu schauen war.

»Ich bin dein Beschützer«, sagte die Stimme. »Ich habe dich erwählt, die Leiden zu rächen, die die Riesen über dein Volk gebracht haben, und ich werde dir die Mittel geben, mit denen du sie besiegen kannst. Wenn du heimkehrst, mußt du dem weißen Adler, dessen Nest oben auf dem Gipfel ist, eine Feder fortnehmen. Trage die Feder, wohin du auch gehst, und solange du sie trägst, wirst du bei der Jagd erfolgreich sein und keinen Schaden leiden. Anschließend mußt du dir eine Pfeife schnitzen. So oft du die Pfeife rauchst, wird das erste Wölkchen sich in einen Falken verwandeln. Und hüte dich vor deinem Großvater. Er will dich nur für sich selbst.«

Die Stimme war überall, doch sie schien aus einer Eiche zu kommen, die neben dem leeren Gerüst der Hütte stand. Während der junge Mann den Baum so anschaute, schienen die Äste und Zweige wie von einem unsichtbaren Feuer verzehrt sich aufzulösen, und wo der Stamm war, erschien der Umriß eines alten Mannes. Baumstamm von der Hüfte abwärts, war er in der Erde verwurzelt. Dann verflüchtigte sich die Vision vor den Augen des jungen Mannes.

Wieder daheim, bat er sich eine Feder vom weißen Adler aus und fertigte die Pfeife an, so wie es ihm aufgetragen worden war. Als er einige Tage später für den Aufbruch gerüstet war, sagte er zu seinem Großvater: »Leb wohl. Ich werde zurückkommen.« Nur auf ein einziges Ziel war sein Sinn gerichtet: die Riesen zu töten. Er machte sich in südwestlicher Richtung auf den Weg. Er durchsuchte die Sanddünen am Nordufer des Mishigameeng (Großer See), weil er glaubte, daß die Riesen sich dort versteckten. Er fand keinen von ihnen. Er durchquerte das Land und schaute unterwegs in die Täler und verborgenen Höhlen, bis er an die felsigen Ufer des Kitche-Ojibwa-Gameeng (Großer See der Anishnabeg) gelangte. Von Boweting (Ort der Stromschnellen) aus folgte er der zerklüfteten und gewundenen Uferlinie. Und er schaute in jede Höhle, erklomm jede Erhebung und stieg in jede Senke hinab. Und er sah, daß das Land nicht nur wunderschön war, sondern auch reich an allen Gaben der Natur. Jeden Tag aß er etwas anderes, den einen Abend Wild, den nächsten Weißfisch und am dritten Rebhuhn und Beeren. Doch alle Schönheit und aller Reichtum des Landes waren im Besitz der Riesen. Keine Anishnabeg lebten hier. Die Riesen mußten vernichtet werden.

Doch die Riesen waren von ungeheurer Stärke und ebenso verschlagen. Sie hatten seinen Aufbruch beobachtet und wußten, was er vorhatte. Sie ließen ihn einfach umherstreifen – wieder einmal kam da ein törichter Mensch, der sein Verderben suchte. Sie lauerten wie der Fuchs auf ein Kaninchen. Sie würden ihren Schabernack mit ihm treiben und zusehen, wie er hilflos hin und her lief und einen Ausweg suchte. Schließlich würden ihn ganz von selbst die Kräfte verlassen. Sie hätten es dann nicht einmal nötig, ihre Kraft und List einzusetzen.

Nach monatelanger Suche fand der junge Mann endlich das Gebirge, in dem die Riesen wohnten. Von den Gipfeln aus beobachteten die Riesen voller Geringschätzung, wie er langsam die

Hänge heraufkletterte. Als er schließlich die Bergspitze erreichte, hießen sie ihn freundlich lächelnd willkommen und boten ihm etwas zu essen an, doch der junge Mann lehnte ab. Dies sei kein Freundschaftsbesuch, klärte er sie auf. Er sei gekommen, sich in einem Wettkampf der Geschicklichkeit mit ihren Kräften zu messen, und bei diesem Wettkampf solle es um Leben und Tod gehen.

Die Riesen gaben sich überrascht und taten so, als seien sie um das Wohl des jungen Mannes besorgt. Doch als er darauf bestand, augenblicklich zu beginnen, einigten sie sich mit ihm auf einen Jagd-Wettkampf. Wer bis zum Sonnenuntergang den größten Bären erlegt hatte, sollte der Sieger sein. Jeder durfte sein Jagdgebiet und die Waffen frei wählen, nur mußte er bis zum Abend wieder auf dem Berg sein.

Der junge Mann erlegte bald einen riesigen Bären. Er war viel größer als der, den sein Gegner, der jüngste Riese, erbeutet hatte – und so erschlug der junge Mann den Riesen. An vier aufeinanderfolgenden Tagen übertraf er seine Gegner bei der Jagd und erschlug die Riesen, die nach den Regeln des Wettkampfs verloren hatten. Doch der älteste und stärkste Riese entfloh.

So machte sich der junge Mann auf die Verfolgung des letzten noch lebenden Riesen. Er durchquerte die Sümpfe des Bisamrattenlandes, bis er einige Hügel erreichte und dort sein Nachtlager aufschlug. Im Traum kam sein Beschützer zu ihm und warnte: *Hüte dich vor dem Mann.*

Der junge Mann zog weiter. Er wanderte, bis er die Höhen eines Bergzuges erreicht hatte, wo mächtige rost- und kupferrote Felsen zu steilen Schluchten abfielen und sich Flüsse in der Sonne silbern durch tiefe Täler wanden. Er stand da, ganz erfüllt von der ungeheuren Weite des Landes und des Himmels. Er blickte in den Talkessel unter sich und wählte eine Landzunge im Fluß als seinen Lagerplatz. Dort würde es vielleicht Fische geben.

Unten im Tal traf er auf Männer und Frauen eines anderen Stammes, dessen Sprache er nicht verstand. Diese Bergtäler waren die Heimat der Kleinen Metallmenschen. Bei jeder Begegnung rauchte der junge Mann seine Pfeife und ließ jedesmal einen Falken entstehen, um seine Macht zu zeigen. Die Fremden betrachteten ihn voller Ehrfurcht und Staunen und ließen ihn unbehelligt weiterziehen. Endlich schlug er sein Lager auf, und nachdem er in den Stromschnellen mit dem Speer einen Fisch gefangen und verzehrt hatte, legte er sich auf eine Pritsche aus Zedernzweigen und überlegte, welche Richtung er am nächsten Tag einschlagen solle. Er war schon fast eingeschlafen, als ein alter Mann aus dem dunklen Wald trat und sich erbot, ihn zum Versteck des Riesen zu führen.

Der junge Mann willigte ein. Doch sein Begleiter war in Wirklichkeit der Riese selbst, der sich verkleidet hatte. In der Nacht stahl er dem jungen Mann die weiße Feder und die Pfeife, verwandelte ihn in einen Hund und sich selbst in einen prächtigen Krieger. Zusammen zogen Hund und Krieger tagelang durch die Bergtäler. Schließlich gelangten sie in einen Wald und stießen an der Spitze einer Landzunge im See auf ein kleines Lager. Dort lebten in einer der Hütten zwei Schwestern. Sie waren Töchter des Häuptlings, und sie hatten beschlossen, erst dann zu heiraten, wenn eine Prophezeiung des Stammes sich erfüllen und ein Krieger mit einer weißen Adlerfeder erscheinen würde. Als der weißgefiederte Krieger das Dorf betrat, gingen ihm die Schwestern mit Geschenken entgegen, und jede hoffte, der Fremde würde sie erwählen. Er wählte die ältere Schwester und schenkte der jüngeren den Hund, um ihr über die Enttäuschung hinwegzuhelfen.

Aber von Anfang an ging zwischen dem Betrüger und seiner Frau alles schief. In der Annahme, er müsse nur seine weiße Feder anstecken, um jederzeit genügend Wild und Fisch herbeischaffen zu können, machte er sich auf die Jagd, kehrte aber mit leeren Händen zurück. Die Geduld seiner Frau war bald erschöpft, und von den anderen Jägern des Dorfes mußte er sich allerlei Abfälliges über seine Art zu jagen anhören. Der Hund brachte unterdessen manch kleines Getier für die jüngere Schwester nach Hause.

Irgendwie mußte der Betrüger Nahrung beschaffen, sonst würde ihn bald das Gelächter der Jäger aus dem Dorf vertreiben. Man würde sagen, er sei kein Mann, er sei unfähig, eine Last für seine Frau und für das Dorf. Und zweifellos war es demütigend, von einem Hund übertroffen zu werden. Als der Hund wieder einmal jagen ging, schlich der Betrüger ihm nach, um zu sehen, wie er es anstellte.

Der Hund lief zur Mündung eines kleinen Baches außer Sichtweite des Dorfes. Dort zog er einen flachen Stein hervor, der sich augenblicklich in einen Biber verwandelte. Als der Hund mit seinem Fang verschwand, tat der Betrüger es ihm nach. Er ergriff einen Stein an einer seichten Stelle, und der wurde in seiner Hand zu einer Bisamratte. Er nahm noch einen Stein – zwei Bisamratten. Erhobenen Hauptes ging er heim. Von jetzt an konnte er den Jägern gerade in die Augen blicken. Er würde seine Frau so gut versorgen, wie nur irgendeiner von ihnen ... Dann erreichte er das Dorf und warf die Bisamratten mit großer Geste hin, doch bevor seine Frau sie aufheben konnte, verwandelten sie sich wieder in Steine. Da erschlafften seine stolz gereckten Schultern, und sein Blick senkte sich zu Boden.

Kreischend und schimpfend hob die Frau die Steine auf und schleuderte sie ihrem Mann entgegen. Ihre Stimme schrillte durch das ganze Dorf, und der Betrüger stahl sich davon, die gellenden Schreie noch in den Ohren. Er verzog sich in die Wälder. Doch auch seine Frau ertrug das Gelächter der Leute nicht mehr, die zusammengeströmt waren, um zu sehen, was das Gezeter zu bedeuten hatte. Die Unfähigkeit ihres Mannes und die eigene törichte Wahl waren ihr so über die Maßen peinlich, daß auch sie sich davonstahl.

Kaum waren die beiden verschwunden, da wies der Hund die jüngere Schwester durch Gebärden an, eine Schwitzhütte zu bauen und Steine und Wasser zu holen. Dann begab er sich hinein. Die Dämpfe und die Hitze stellten seine ursprüngliche Gestalt wieder her. Am Ende der Reinigungszeit trat er als junger Mann aus der Schwitzhütte.

Nun besaß er zwar wieder seine eigene Gestalt, war aber immer noch ohne Sprache. Wiederum durch Gesten gab er den Dorfbewohnern zu verstehen, daß sie einen Suchtrupp bilden sollten, um die Flüchtigen zu verfolgen. Mit dem Häuptling an der Spitze machten die Häscher sich auf den Weg, und schon am Abend erreichten sie den Betrüger und seine Frau, die gerade ihr Lager aufschlugen. Die beiden zankten sich.

Es war Brauch, vor jeder Verhandlung die Pfeife zu rauchen. Für diese Zeremonie bot der Betrüger die Pfeife an, die er dem jungen Mann gestohlen hatte. Der Häuptling reichte die Pfeife zunächst an den Betrüger, der sich die weiße Adlerfeder hinters Kopfband steckte. Er paffte und sog wie ein Egel an der Pfeife. Er hätte sie ganz leergeraucht, doch der Häuptling entwand sie ihm und reichte sie dem stummen jungen Mann. Der zog zunächst die Feder aus dem Stirnband des Betrügers und steckte sie an sein eigenes. Mit dem ersten Zug an der Pfeife flatterte ein weißer Falke in einer blauen Rauchschwade aus dem Pfeifenkopf. Noch viermal zog der junge Mann an der Pfeife und vier weitere Falken flogen auf.

Und damit erlangte der junge Mann auch seine Stimme zurück. Als der letzte Krieger geraucht hatte, erzählte der junge Mann dem Häuptling und den anderen Männern von der Vernichtung der Anishnabeg und von seinem Zug wider die Riesen, der ihn in dieses Land geführt hatte. Dann nahm er eine Kriegskeule und streckte den Betrüger – den letzten der Riesen – mit einem einzigen Schlag nieder.

Der Häuptling ordnete ein Siegesfest an, bei dem auch der Kriegstanz des Triumphs getanzt werden sollte. Bevor die Trommel erschallte, sprach er zum ganzen Dorf: »Ein großer Jäger und Krieger ist zu uns gekommen. Ich lade ihn ein, unser Bruder zu sein, sich an unserem Feuer niederzulassen, unsere Jäger anzuführen und unsere Leute zu behüten. Er kam als Fremder zu uns – namenlos. Ich habe seinen Beschützer gesehen, einen Falken, der über ihn wacht. Ich nenne ihn Weißer Falke, schnell und unfehlbar. Er ist mein Schwiegersohn, unser

Bruder.« Und zu Weißer Falke gewandt sagte er: »Bruder, sei willkommen in unserem Stamm.«

Doch Weißer Falke konnte nicht bleiben. Er hatte schon eine Heimat, und die rief ihn, eine Kraft, die stärker war als seine neugefundene Bruderschaft. Bevor er aufbrach, versprach er jedoch, mit seiner Frau und seinen Söhnen und Töchtern häufig wiederzukommen, denn es stand ihnen zu, ihre Großeltern, ihre Brüder und Schwestern zu besuchen.

Die Namengebung

Cheengwun gab Waubizeequae ein Zeichen, den Tragekorb aufzubinden und das Kind herauszunehmen. Er schloß die Augen, als er das Kind an seine Brust drückte. Und so hielt er es eine lange Zeit. Das war der feierlichste und erhabenste Augenblick der Zeremonie. Cheengwun würde seinem N'Kweemiss nun einen Namen verleihen. Zuvor jedoch gab er ihm etwas von sich selbst, einen Teil dessen, was er war. Es gab kein Wort für diese Kraft, kein Wort, das ihr Wesen umschrieb, kein Wort, das diese Übertragung von Mensch zu Mensch herbeiführen konnte. Es bedurfte auch keiner Worte, denn es war etwas, das zwischen den Seelen vollzogen wurde. In der Berührung von Körper zu Körper begegneten sich die Geister und wurden eins. Indem Cheengwun seinen N'Kweemiss an sich zog, ließ er einen Teil seines eigenen Seins auf das Kind übergehen. Er ließ seinen Traum und dessen Kraft auf das Kind überströmen, damit sie Teil seines Seins und seiner menschlichen Anlage würden.

Schließlich öffnete Cheengwun die Augen. Er hielt das Kind ein wenig von sich fort, damit er es anschauen konnte.

»Mishi-Waub-Kaikaik (Großer Weißer Falke)«, sagte er. »Das ist dein Name.« Und zu den Eltern gewandt sagte er: »Mishi-Waub-Kaikaik ist sein Name. Es ist ein guter Name; es ist ein guter Traum.« Und er legte Mishi-Waub-Kaikaik in die Arme seiner Mutter. Danach sprachen sie dem Festmahl zu.

Tabakopfer und Trommelzeremonie
Pindaukoodjigewin und Midewewegun

Das Tabakopfer

Der Vater brannte Tabak, wenn ein Unwetter bevorstand; auf Reisen opferte man Tabak an Orten, die als gefährlich oder heilig galten, und wo Medizin gesammelt wurde, legte man Tabakopfer in die Erde. Aus all dem lernte Mishi-Waub-Kaikaik, daß seine Leute sich stets der Gegenwart von Kitche Manitu bewußt waren. Wo diese Gegenwart am stärksten empfunden wurde – auf einem Berggipfel, in einem Wasserstrudel, in einer Höhle, auf einer kleinen Insel, in einer Aushöhlung am Steilufer –, brachten die Anishnabeg den dort wohnenden Mysterien Tabakopfer dar. Das hatte zum einen den Sinn, sie günstig zu stimmen, war aber im übrigen einfach eine ehrfuchtsvolle Verbeugung vor ihrer Gegenwart.

Niemand wußte, wann dieser Brauch entstanden war. Niemand vermochte zu sagen, weshalb gerade Tabak zur Opfergabe wurde. Doch der Brauch war sehr alt, und Mishi-Waub-Kaikaik vernahm die Geschichte seines Ursprungs.

Es war einmal ein Dorf und neben dem Dorf ein Berg, dessen Gipfel stets in Wolken gehüllt war. Selbst an sonnigen Tagen verweilten die Wolken, Blitze zuckten über den Himmel, und der Donner grollte um die Bergspitze. Es hieß, oben auf dem Berg wohnten die Donnervögel.

Im Dorf lebte ein junger Mann, der die Donnervögel gern sehen und sogar einen fangen wollte, und er faßte den waghalsigen Entschluß, den Berg zu ersteigen. Er fürchtete sich nicht vor Donnervögeln oder Gottheiten und gab wenig auf die alten Überlieferungen, die es verboten, den Berg zu ersteigen und ins Reich der Geister einzudringen. Er überredete einen anderen jungen Mann, ihn zu begleiten, und zur Vorbereitung auf dieses gefährliche Abenteuer fasteten sie acht Tage lang.

Am neunten Tag begannen sie den Aufstieg über die steilen Bergflanken. Auf dem ganzen Weg erzitterten die Felsen vom Donner, während Blitze zuckten und flackerten. Nahe der oberen Nebelwand weigerte sich der zweite junge Mann weiterzugehen.

Eine singende Stimme übertönte das Poltern des Berges:

> *Waegonaen maenaepowunt?*
> *Waegonaen wauh pagidinigaessik?*
> Wer wagt es ohne Tabak?
> Wer wagt es ohne Opfer?

> *Saemauh bizaundae/aekaugae.*
> *Saemauh waussaeyaukaugae.*
> Tabak wird unseren Zorn beschwichtigen.
> Tabak wird die Wolke lichten.

Tollkühn schritt der erste junge Mann weiter. Der Nebel verschluckte ihn, und bald hörte man ihn rufen: »Ich sehe sie! Ich sehe sie!« Und im selben Augenblick erhob sich ein mächtiges Tosen, und ein blendendes Licht erstrahlte. Als der Donner in der Ferne verrollte und das Licht verblaßte, war der Nebel, der den Berg umhüllte, verschwunden. Im nächsten Augenblick verlor der junge Mann, der die Donnervögel gesehen hatte, den Halt unter den Füßen und stürzte am Fuß des Berges zu Tode. Nie wieder hörte man den Donner oder sah man Blitze auf dem felsigen Gipfel. Die Donnervögel, so sagten die Leute, hatten ihren Nistplatz verlassen und würden niemals wiederkehren. Ihr Wohnort war entweiht worden, und sie hatten sich gerächt.

Dieser Berg fiel auf der einen Seite zu einem See hin ab. Wo er ins Wasser eintauchte, bildete er einen Vorsprung, und auch diese Felsspitze war ständig von Nebel umhüllt. Wagte sich jemand zu Wasser in die Nähe dieser Stelle, so erhoben sich

plötzliche Winde, die das Wasser zu Wellen und Wirbeln auf-
peitschten. Manch ein Fischer verschwand nahe dieser Landspitze, und man sagte, sie seien alle ertrunken.

Eines Tages steuerte der junge Mann, der mit auf dem Berg
gewesen war, sein Kanu nah an dieser Stelle vorbei, als er von
einem plötzlichen Sturm überrascht wurde. Der Wind trieb ihn
genau auf die Landspitze zu. Während er all seine Kraft ein-
setzte, um ein Kentern zu verhindern, hörte er durch das Tosen
des Windes einen traurigen Gesang:

> *Apaegish abeedaubung.*
> *Apaegish abeedaubung.*
> Ach, hätten wir Tageslicht!
> Ach, hätten wir Tageslicht!

> *Apaegish ginopowauhingobun.*
> *Apaegish zugussowauhingobun.*
> Ach, hätten wir den Geschmack von Tabak!
> Ach, hätten wir den Duft von Tabak!

> *K'd powauguninaunind tikiziwuk.*
> *K'd powauguninaunind tikiziwuk.*
> Unsere Pfeifen sind kalt und leer.
> Unsere Pfeifen sind kalt und leer.

Durch den Nebel erkannte der junge Mann ein kleines Kanu
mit etlichen kleinen Leuten darin, nicht größer als Anemonen.
Jeder hatte eine Pfeife, und es waren ihre Stimmen, die er da singen hörte:

> *K'gah baugwaushkaugameetchigaemim*
> *Beenish mukwaenimikohing.*
> Wir werden das Wasser aufwühlen,
> Bis einer uns bedenkt.

Saemauh beendae/aeshkaugae
Saemauh beeninaedumishkaugae.
Saemauh biszaundae/aeshkaugae.
Tabak läutert mein Herz.
Tabak läutert meinen Geist.
Tabak schafft inneren Frieden.

Da erinnerte der junge Mann sich des Tabakliedes, das er und sein Gefährte auf dem Berg gehört hatten, und obgleich sein Kanu heftig schwankte, legte er das Paddel beiseite. Er nahm den Tabak, den er bei sich hatte, und streute ihn in die Wellen. Er sah ihn fortschwimmen und sang:

Saemauh n'weekaunaehn.
Saemauh k'weekaunaehnaun.
Saemauh k'weekaunissimikonaun.
Tabak ist mein Freund.
Tabak ist unser Freund.
Tabak macht uns zu Freunden.

Die kleinen Leute hatten ihn nicht gesehen, und sein Gesang erschreckte sie. Doch sie fischten seinen Tabak aus dem Wasser und stopften ihre Pfeifen. Wie durch Zauberkraft glitt ihr Kanu fort und auf die steilen Felsen zu, wo es in einer Öffnung verschwand, die sich hinter ihm wieder schloß. Sogleich hob sich der Nebel, und der Sturm ließ nach. Und obgleich die kleinen Leute nie wieder gesehen wurden, versäumten die Anishnabeg es nicht, ihnen stets Tabak darzubringen an der Stelle, wo sie zu wohnen schienen.
Das ist der Ursprung des Brauchs, den Gottheiten an ihren angestammten Wohnsitzen Tabakopfer darzubringen.

Die feierliche Übergabe der Trommel

Mishi-Waub-Kaikaiks Vater besaß eine Trommel, die in feinste Hirschhaut geschlagen war und an einem besonderen Platz in der Hütte verwahrt wurde. Niemand außer Ogauh berührte diese Trommel. Nur er konnte diese Trommel anschlagen, denn er war nicht nur ihr Besitzer, sondern besaß auch eine tiefe innere Beziehung zu ihr. So fest war das Band zwischen einem Mann oder einer Frau und seiner oder ihrer Trommel, daß man sie sein Leben lang an niemand anderen weitergab und auch keinem anderen Menschen vermachte, wenn das Leben zu Ende ging. Den Stammestrommeln dagegen wurden besondere Kräfte zugeschrieben, und sie wurden gelegentlich als Freundschaftsbeweis an einen anderen Stamm weitergegeben.

Die Zeremonie der Trommelübergabe hat ihren Ursprung nicht bei den Anishnabeg. Da sie in diesem Land der unzähligen Seen und endlosen Wälder stets vollauf damit beschäftigt waren, ihren Lebensunterhalt zu beschaffen und sich im Sommer für den langen, rauhen Winter zu rüsten, waren sie ursprünglich kein kriegerischer Stamm. Wert und Würde eines Mannes bemaßen sich nicht nach der Zahl der Adlerfedern an seinem Kopfschmuck, sondern nach der Menge von Wild und Fisch auf seinen Vorratsgestellen. Erfolg bei der Jagd hing davon ab, wie gut er das Land, die Windverhältnisse und die Gewohnheiten der Tiere kannte. Daß er in und mit den Jahreszeiten leben und überleben konnte, war der Beweis seiner Tüchtigkeit. Um in diesem Land bestehen zu können, mußten die Menschen sich einzeln und als Stamm selbst versorgen können – darauf fußte ihr Verständnis und ihre Wertschätzung von Freiheit und Unabhängigkeit. Waren die Anishnabeg jedoch gezwungen zu kämpfen, so standen ihre Krieger denen anderer Stämme um nichts nach. Der Gang der Zeit zwang sie schließlich zu vielen Schlachten gegen die Dakota aus dem Gebiet des heutigen Wisconsin und Minnesota, und von diesem Stamm empfingen die Anishnabeg die Zeremonie der Trommelübergabe.

Für beide Stämme wurde der Krieg zu einer Notwendigkeit, obgleich er dem Charakter ihrer Traditionen eigentlich nicht entsprach. Als der Weiße Mann den Anishnabeg ihr Land im Osten nahm, zogen sie sich nach Westen zurück und verdrängten dort wiederum die Dakota von ihrem Land. Fünf oder sechs Generationen lang verging kaum ein Sommer ohne schwere Kämpfe zwischen den beiden Stämmen. Den zahlenmäßig überlegenen und zudem mit den Gewehren des Weißen Mannes bewaffneten Anishnabeg konnten die Dakota nur mit Pfeil und Bogen Widerstand leisten und wurden infolgedessen immer weiter zurückgeworfen. Doch das endlose und fruchtlose Blutvergießen entmutigte und dezimierte beide Stämme, und so reifte auf beiden Seiten der Wunsch, Frieden zu schließen. Eine alte Geschichte erzählt, wie den Dakota der Weg zur Freundschaft gewiesen wurde.

Die Kriegerscharen beider Stämme trafen in der Nähe eines Flusses aufeinander und kämpften. Die Frau des Dakotahäuptlings hatte ihren Mann begleitet und versteckte sich nun im Fluß unter einem großen Seerosenblatt. Voller Entsetzen kauerte sie dort, solange die Schlacht tobte.

Nach vier Tagen hieß eine Stimme vom Himmel sie hervorkommen. Als sie ans Ufer trat, hörte sie nichts als das qualvolle Stöhnen vom Schlachtfeld, wo die Erde mit Toten und Verwundeten übersät war. In der Nähe sammelten sich die überlebenden Mitglieder ihres Stammes für den Heimweg, und sie wurde in ihre Mitte versetzt, um ihre Leute begleiten zu können.

Eines Nachts, während alle anderen schliefen, wurde sie von der Stimme, die sie schon einmal gehört hatte, in den Himmel gerufen. Eine Himmelsgottheit sprach sie an. »Wenn es bei euch Frieden und Freundschaft geben soll, so müßt ihr sie durch die Trommel suchen. Sie ist ein heiliges Instrument, Träger des guten Willens und sein Symbol. Wer eine Trommel schenkt, gibt und empfängt guten Willen.«

Vor der Frau stand eine Trommel mit zwei Trommelschlegeln, eine Pfeife und Tabak. Vor ihren Augen verwandelten sich diese

Dinge, und sie sah Männer die Trommel umtanzen und hörte Frauen singen.

Gawaekumoh n'meekunuh.
Gawaekumoh n'd'inaendumowin.
Gawekumoh aenigookidae/aeyaun.
Gawaekumoh n'dinaudjim.
Gerade ist mein Weg.
Gerade ist mein Geist.
Gerade ist mein Herz.
Gerade ist meine Rede.

N'gah zhawaenimauk n'dowaemauk, neekaunissuk.
N'gah zhawaenimauk waeseehnuk, binaehnssiwuk gayae.
Freundlich werde ich sein zu meinen Brüdern und
    Schwestern.
Freundlich werde ich sein zu Vögeln und Tieren.

Die Gottheiten befahlen der Frau, nach ihrer Rückkehr ins Dorf zwei Männer für das Anfertigen der Trommel auszuwählen, diese Männer müßten anschließend sterben. Dann müsse der Besitzer der Trommel an jedem vierten Tag die Lieder, die sie gehört hatte, zu einem Tabakopfer singen. So sollte die Trommel mit ritueller Kraft versehen werden.
Und so geschah es. Die Trommel wurde unter der Aufsicht der Frau angefertigt, und als man sie das erstemal anschlug, stürzten die beiden Männer tot zu Boden – Opfer für den Frieden. Dann nahm Misheen-Meegwun (Viele Federn), der Häuptling der Dakota, die Trommel in Besitz. Er ernannte fünf Männer zu Haltern der Trommel, einen Hüter der Trommelpfeife (die von den Trommlern geraucht wurde), einen Hüter der Friedenspfeife (die von den Tänzern geraucht wurde) und einen Anführer der Trommler und Sänger. Dann ernannte er noch vier weitere Trommler und Sänger, acht Sängerinnen und vier Tanzführer. Jeden vierten Tag besuchte er die Trommel, opferte Tabak

und sang die Lieder. Schließlich entsandte Misheen-Meegwun seine Kuriere zu den Anishnabeg und ließ ihnen die Freundschaft der Dakota antragen. Die Anishnabeg willigten ein, und so setzte man einen Tag und einen Ort für die Begegnung der Stämme fest.

Es war früher Nachmittag, und die Sonne strahlte, als die beiden Stämme sich zögernd einander näherten. Die Krieger waren in voller Kampfausrüstung erschienen; sie trugen Kriegskeulen, Gewehre, Pfeil und Bogen und ließen ihre Kriegsschreie hören. Misheen-Meegwun schickte seine Botschafter mit der Friedenspfeife zu den Anishnabeg hinüber. Von vier Frauen begleitet, die singend hin und her gingen, übergaben die Botschafter die Pfeife an Nigaunaush (Zieht voran), den Häuptling der Anishnabeg. Dies waren die Huldigungslieder der Dakota.

Ogimauh zoongigaubowih
Kauween w'dauh zhaugoodjigunaumaussee
Ogimauh zoongigaubowih.
Der Häuptling steht
Er wird nicht niedergeschlagen
Der Häuptling steht.

Ogimauhing
Bookissaenoon n'd'pigookimun
Tibishko aussimaupigauk.
Am Häuptling
Zerbricht mein Pfeil
Wie an einem Felsen.

Als Neegaunaush die Pfeife empfangen und die Lieder gehört hatte, gab er seinen Leuten ein Zeichen, sich zu setzen. Die Anishnabeg spürten, daß hier etwas ganz Besonderes vorging, und hefteten ihre Blicke auf den Kurier. Selbst die Kinder hörten auf zu schwatzen und standen still, um genau zu verfolgen, was jetzt geschehen würde.

Misheen-Meegwun kam gemessenen Schrittes auf die Versammlung der Anishnabeg zu; die Federn seines Kopfschmucks erstrahlten im Sonnenlicht und schwangen im Wind. Hager, groß und würdevoll kam er heran und blieb neben seinem Botschafter stehen.

»Mein Bruder!« sprach er Neegaunaush an. »Mein Bruder! An diesem Tag biete ich meine Hand und die Hand meines Volkes zur Freundschaft mit dir und deinem Volk. Zu lange haben wir gegeneinander Krieg geführt. Unsere Urgroßväter und Großväter haben gekämpft, du und ich haben gekämpft. Und was haben wir bei allem Streit gewonnen? Es ist nicht gut für uns und unsere Kinder, ständig im Kriegszustand zu leben, unruhig in der Nacht zu sein und ständig auf der Hut am Tage. Der Große Geist hat es nicht so gewollt, daß die Menschen einander töten und verwunden; sie sollen vielmehr als Freunde in Eintracht leben.

Der Große Geist gab uns eine Trommel als Symbol der Brüderlichkeit, und er trug uns auf, euch dieses Instrument der Freundschaft als Zeichen unseres guten Willens zu überbringen. Der Große Geist unterrichtete uns auch über die rechte Weise, die Trommel zu verwahren und sie an ein anderes Volk weiterzuschenken. Ich bringe euch nun diese Trommel zum Geschenk und biete euch meine Hand zu Freundschaft und Brüderlichkeit.« Und Misheen-Meegwun streckte Neegaunaush seine Hand hin.

Die Hüter der Trommel stellten das Instrument in die Mitte zwischen den beiden Stämmen, deren Mitglieder nun alle saßen. Neben die Trommel legten sie die Pfeife und die beiden zeremoniellen Trommelstöcke. Dann nahmen die Trommler ihre Plätze ein, nach ihnen die Sänger und Tänzer. Zum Schlag der Trommel sangen die Sänger, und die Tänzer boten den Tanz des Friedens und der Bruderschaft dar. Auf ein Zeichen des Vortrommlers, der das Ritual leitete, hielten sie inne.

Feierlich wurde Neegaunaush vom Hüter der Trommelpfeife zur Trommel geleitet. Dort angekommen, reichte der Hüter

Neegaunaush die Pfeife und einen der Trommelstöcke. Dreimal schlug der Anishnabeg-Häuptling die Trommel sacht an. Beim vierten Schlag fielen die Trommler ein, die Stimmen der Sänger schallten über die sonnendurchflutete Wiese, und die Tänzer tanzten aufs neue. Anschließend nahm Neegaunaush seinen Kopfschmuck ab und überreichte ihn dem Dakota-Häuptling. Dann hielt auch er eine Ansprache.

»Meine Brüder! Meine Schwestern! Misheen–Meegwun hat recht. Wir haben zu lange und zu häufig gegeneinander gekämpft. Gewiß, wir haben dabei auch Ehren errungen, doch vor allem haben wir den Verlust von Brüdern, Söhnen und Vätern zu beklagen. Es ist Zeit, gemeinsam zu jagen, die Feste miteinander zu feiern, unser Mahl aus derselben Schale zu schöpfen und uns am selben Feuer zu wärmen.

Unser Bruder Misheen-Meegwun hat den Kampf nie gescheut, doch nie hat er sich tapferer gezeigt als jetzt. Ich nehme die Trommel an. Und solange sich die Trommel in meiner Obhut befindet, wird mein Stamm die Dakota als Brüder betrachten.«

Als beide Häuptlinge gesprochen hatten, sprangen die Krieger beider Stämme auf, schlugen ihre Kriegskeulen auf die Erde und stießen schrille Kriegsschreie aus. Dann ließen sie ihre Waffen liegen und reichten sich die Hände.

So also entstand die Trommelzeremonie.

Visionssuche
Waussaeyaubindumowin

Die Aufforderung

»Komm! Es ist Zeit!«
Endlich war es soweit. Der Tag, auf den Mishi-Waub-Kaikaik
schon lange wartete und auf den er sich vorbereitet hatte, war
jetzt gekommen. Er hatte so oft daran gedacht, daß alle Unge-
duld von ihm abgefallen war. Als sein Vater jetzt sprach, empfand er keine freudige Erregung, sondern eher Furcht oder gar
Zweifel. Was, wenn er noch nicht reif genug war?
Komm! Es ist Zeit! Die Zeit war gekommen. Mishi-Waub-Kaikaiks Zeit. Die Aufforderung erging so einfach wie die Ankündigung des Essens oder irgendeiner alltäglichen Verrichtung. Sie
klang gar nicht wie eine Aufforderung zum vielleicht wichtigsten aller menschlichen Abenteuer: der Visionssuche.
Ogauhs Worte besagten, daß Mishi-Waub-Kaikaik alt genug
geworden war, sich auf die Suche zu machen. Er war vierzehn. In
den vergangenen acht Jahren hatten sein Vater und Großvater
ihn unterwiesen und auf dieses Ereignis vorbereitet. Er wußte
Bescheid über ihren Sinn und die Verpflichtungen, die damit
verbunden waren. Dennoch regte sich tief in ihm eine vage
Angst. Er suchte sie den kleinen Jungen und Mädchen zu verbergen, die vor der Hütte zusammenströmten, um die Vorbereitungen zu verfolgen. Zuerst sahen sie nur schweigend zu, wie
sein Gesicht und seine Arme und Beine mit Asche geschwärzt
wurden. Aber als er dann sein Bündel aufnahm, rief einer der
kleineren Jungen spöttisch: »Ich habe gehört, es gibt da eine
Menge Bären. Achte auf ihr Knurren!« Aber letztlich wünschte
ihm jeder alles Gute. »Sei stark! Es gibt nichts zu fürchten! Dein
Beschützer wird auf dich aufpassen.«

Der Ort der Visionen

Der Ort der Visionen lag weit vom Dorf entfernt. Es war eine kleine Lichtung mitten im Wald, kreisrund und von hohen Kiefern umgeben. Normalerweise war an solch einer Stelle keine Lichtung zu erwarten. Die Alten sagten, sie sei weder durch Menschenhand noch durch die Kräfte der Natur entstanden, sondern ein Werk der Paueehnsug (Kleine Waldbewohner). So war die Lichtung also mystischen Ursprungs und gehörte den Geistern der Erde. Hier, weit entfernt von den Menschen, konnten sie ungestört ihren Angelegenheiten nachgehen. Und die Anishnabeg respektierten die Heiligtümer der Gottheiten. Es waren besondere Orte. Es gab nur einen Grund, der es erlaubte, sich an solchen Orten der Geister aufzuhalten – die Visionssuche. Zu diesem Zweck, so hieß es, sei man den Geistern willkommen und dürfe sogar mit ihrer Hilfe rechnen.

Vater und Sohn betraten den Wald, ließen das lärmende Treiben des Dorfs hinter sich und waren bald von Stille und Frieden umgeben. Es fielen keine Worte, und es gab keinen Grund, die Ruhe zu stören. Sie vertrauten sich dem stillen Mysterium des Waldlebens an. Am Nachmittag erreichten sie den Ort der Visionen, tief im Wald, wo Kiefern, Zedern und Fichten am höchsten und dichtesten wuchsen.

Ogauh legte als erstes ein Tabakopfer in die Mitte des Kreises. »Vergebt uns«, sagte er. »Vergebt meinem Sohn. Ich bringe ihn, damit er seine Vision empfangen möge. Wir bitten euch, großzügig zu sein und ihm Träume zu gewähren.«

Bevor Ogauh wieder fortging, half er Mishi-Waub-Kaikaik, ein kleines Schutzdach zu bauen und mit Zedernzweigen auszupolstern. »In vier Tagen komme ich wieder«, sagte er seinem Sohn noch einmal. »In dem Eimer aus Birkenrinden, den du mitgebracht hat, ist genügend Wasser für dich. Mach deine Sache gut … und verlaß diesen Ort nicht.«

Allein

Nun war Mishi-Waub-Kaikaik ganz für sich allein. Zum erstenmal in seinem Leben war er vollkommen allein, und als er seinen Vater zwischen den Bäumen verschwinden sah, wußte er nicht recht, ob er Freude oder Traurigkeit empfinden sollte in seiner Einsamkeit. Wie hatte er diesen Augenblick herbeigesehnt, und nun, da er gekommen war, fühlte er sich verloren und verlassen. Wünschte er sich die Erfahrung eigentlich immer noch? Trübsinn senkte sich über ihn. Er hätte gern menschliche Stimmen gehört ... nein, er hätte gern jemand ganz nah bei sich gehabt, bei dem er sich anlehnen und mit dem er sprechen konnte. Aber es war niemand da. Niemand außer ihm selbst.

Wie klein diese Welt doch war, die Lichtung, die nur ihn beherbergte, ringsum eingeschlossen von riesenhaften Bäumen! Ohne besondere Absicht umschritt er den Rand der Lichtung, umschritt seine ganze Welt. Er versuchte tiefer in den Wald hineinzuschauen, doch das Unterholz versperrte ihm den Blick. Der Blauhäher kreischte, und er hörte das Pochen eines Spechts und die Rufe anderer Vögel – die einzigen Laute in dieser Stille. Diese Welt war ihm überlegen. In allem war er hier der Geringste.

Er setzte sich. Er konnte nicht verstehen, weshalb ihm so unbehaglich zumute war, wo er doch jetzt in tiefem Frieden sein sollte. War er nicht über alles unterrichtet worden? Hatte er sich nicht in Gedanken mit dem Alleinsein beschäftigt? Hatte er nicht andere das Stammesfeuer verlassen und dann zurückkommen sehen? Hatte er diese Suche nicht viele Male im Spiel vorweggenommen? Aber das Lager zu verlassen, wie er und seine Kameraden es manchmal taten, um es den Älteren gleichzutun, einen Nachmittag lang in der Nähe des Dorfs allein in einer Höhle oder auf einem Felsen zu sitzen – das war doch etwas ganz anderes gewesen als dies hier. Man hatte sie stets ermuntert, den Älteren in allen Dingen nachzueifern, vor allem im Befolgen der Rituale – das war eine Vorbereitung auf das Leben

als Erwachsene. Oft hatte Mishi-Waub-Kaikaik die Reinigungs-
zeremonie und andere Rituale durchgespielt, aber wie oft er sein
Gesicht auch schwärzte und wie sauber er alles ausführte, es war
doch immer nur Probe gewesen, ein feierliches Spiel zwar, aber
eben ein Spiel, dem das Wesentliche noch fehlte. Alle vorher-
gegangenen Darstellungen des Wachens und Suchens waren
gewiß eine gute Einstimmung gewesen. Nun war das Ereignis
wirklich gekommen, aber Mishi-Waub-Kaikaik empfand es gar
nicht als Erfüllung seiner Erwartungen.

Den Rest des Nachmittags wanderte sein Geist zwischen Gegenwart und Vergangenheit hin und her. Als sich aber die Dunkelheit im Wald auszubreiten begann, den Bäumen die Farbe nahm
und ihre Umrisse verschwimmen ließ, da weilte er nur noch in
der Vergangenheit, wo ihm die Dinge vertraut waren. Dann
senkte sich die Nacht herab, und er konnte nur noch an die
Kraft des Dunkels denken, an die Tiefe der Stille, an die Schärfe,
mit der jeder Laut sich gegen diese Stille abhob. Unter diesem
schwarzen Tuch erkannte er nur noch die Wipfel der Bäume
über sich und hoch am Himmel die Sterne. Zwischen nah und
fern war jetzt kein Unterschied mehr. Doch je weniger er sehen
konnte, desto schärfer wurden seine anderen Sinne, vor allem
das Gehör. Es erschreckte ihn. Er hatte all die Laute schon früher
gehört, viele Male, und er wußte sie zu deuten; aber da waren sie
stets weiter weg gewesen und er in der Geborgenheit der väterli-
chen Hütte. Wenn Vater und Mutter da waren, kannte Mishi-
Waub-Kaikaik keine Furcht. Aber das hier war etwas anderes.
Ein Flügelschlagen im Dunkel schreckte ihn auf und jagte ihm
einen Schauer über den Rücken. Hinter ihm zerriß jäh der
durchdringende Schrei eines Ziegenmelkers die Stille und ließ
ihn erschauern. Ein Stück weiter weg antwortete ein zweiter Ziegenmelker. *Es ist nur ein Vogel, ein harmloser kleiner Vogel,* sagte
Mishi-Waub-Kaikaik sich immer wieder. Dann waren da noch
Laute von Käfern, Grillen, Fröschen und anderem Nachtgetier
... Das sind nur Käfer und Grillen und Frösche, harmlos und klein ...
Und doch zitterte er. Er hörte alles und sah nichts. Wenn er

doch nur sehen könnte – dann wäre alles gut und er hätte keine Angst. Etwas später hörte er Atemgeräusche, mal schnell und schwer, dann wieder ganz flach. Zweige knackten, als ein Tier vorbeistrich. Bei jedem Geräusch fuhr er auf, da er nicht wußte, was es bedeutete. Später hörte er den Ruf einer Eule, Fuchsgebell und das Heulen eines Wolfs. Er kannte diese Laute, und doch schürten sie seine Furcht.

Und dann fielen ihm die Ungeheuer ein, die Windigos, Pauguk und die Nebaunaube, die alle im Wald ihr Unwesen trieben. Er fühlte tausend Blicke auf sich gerichtet, wußte, daß tausend Ohren ihn belauschten, ahnte all die Klauen und Krallen und Reißzähne, die nur darauf warteten, ihn zu zerreißen. Und die Paueehnsug! Das hier war ihr Revier. Sie schlichen von allen Seiten herbei und kreisten ihn ein!

Jetzt empfand er nur noch schieres Grauen. Es war kalt, aber er spürte es nicht. Der Magen schmerzte, aber auch das berührte ihn nicht. Er war allein, aber hatte es vergessen. Er sah nur noch die unmittelbare Bedrohung.

Endlich kam das erste Morgengrauen. Über den Himmel verbreitete sich ein weiches Blau, und die Bäume nahmen wieder ihre Gestalt an. Im sanften Übergang von der Nacht zum Tag begannen die Wanderdrosseln und Grünsperlinge zu singen. Er hatte überlebt.

Selbst-Entdeckung

Erleichtert verfolgte Mishi-Waub-Kaikaik den Tagesanbruch. Wahrhaftig: er hatte überlebt. Alle unsichtbaren Bedrohungen der Nacht waren verschwunden. Er überlegte. Und je länger er nachdachte, desto mehr schämte er sich seiner Ängste und seiner selbst. Nicht Eule oder Fuchs oder Ziegenmelker hatten seine Angst ausgelöst – sie alle haben nichts Böses im Sinn; sie werden einfach wach, wenn die anderen schlafengehen, und suchen sich dann ihre Nahrung und plaudern miteinander, wie es alte Menschen tun. O nein, die Ängste waren aus ihm selbst gekommen, und Mishi-Waub-Kaikaik durchforschte nun seine eigene Seele nach dem Ursprung seiner Ängste. Er fand nichts, aber er lernte sich selbst ein wenig kennen. Er fand Dinge, die er noch nie an sich bemerkt hatte, weil er stets von irgendeinem Tun in Anspruch genommen war, von der unmittelbaren konkreten Welt um ihn herum. Er entdeckte Dinge, die anderen verborgen bleiben würden, wenn er sie nicht offenlegte. Je mehr er verstand, desto besser fühlte er sich.

Sein Geist schwang sich durch die unendlichen Weiten seiner Seele, wo es keine Zeit gab und kein Hier und Dort. Ungehindert bewegte er sich zwischen Vergangenheit und Gegenwart, ja sogar in die Zukunft. Die Sonne stand schon hoch am Himmel, als er in sein gegenwärtiges Ich zurückkehrte, weil Schmerz und Unbehagen sich nun energisch bemerkbar machten. Er hatte so lange bewegungslos gesessen, daß er Krämpfe in den Beinen bekam. Er beugte und streckte seine Glieder, und als das Gefühl in sie zurückkehrte, stand er vorsichtig auf, wie ein kleines Kind sich unsicher auf die Füße erhebt und die ersten Schritte zur Erprobung der Kraft seiner Beine tut. Er konnte zwar gehen, aber seine Beine waren noch schwach. Um wieder zu Kräften zu kommen, umschritt er seine Welt, die so klein und eng war im Vergleich zur Endlosigkeit von Geist und Seele.

Dann stand er neben seinem Schutzdach und empfand einen dumpfen Schmerz im Magen. Hunger. Und trinken mußte er auch. Er nahm einen Schluck aus dem Birkenrindeneimer, der ihm die Kehle auszubrennen schien. Er setzte sich. Aus der Ferne das schrille Gelächter eines Goldspechts, und in dem Geäst ringsum hin und her flatternde Meisen, ruhelos, in ständiger Bewegung. Sie lenkten Mishi-Waub-Kaikaik von seinen Schmerzen ab. Er schaute auf die Erde.

Da unter ihm lag wieder eine andere Welt, die Welt der Insekten. Er sah einer Ameise zu, die etwas schleppte; dahinter noch eine und immer weitere. Nacheinander verschwanden sie in einem Ameisenhaufen, um schließlich an einer anderen Stelle wieder aufzutauchen und sich wieder auf die Suche nach weiteren Lasten zu machen: in beiden Richtungen kleine schwarz glänzende Perlen, zu einem endlosen Zyklus der Arbeit aufgereiht. Mishi-Waub-Kaikaik hob eine Ameise auf, hielt sie sanft zwischen den Fingern und sah zu, wie sie hilflos strampelte und sich wand. Die so entstandene Lücke in der Ameisenstraße schloß sich sofort wieder, als hätte es sie nie gegeben. Nun setzte er seine Ameise zurück auf den Weg, eine Lücke tat sich auf, und schon war sie wieder mit dem Strom verschmolzen. Alles hat seinen Platz. Jedes Ding und jedes Lebewesen wird von Kitche Manitu erträumt und an seinen Platz gestellt.

Kraft

Der Abend kam und ging über in die Nacht, und wieder verloren die Bäume ihre Färbung und Gestalt, ihre Eigenart, und wurden zu einer blauschwarzen Schattenwand von kaum erkennbaren Umrissen. Dunst lag in der Luft, es wurde kalt. Wieder riefen die Ziegenmelker. Ein großer Vogel, durch irgend etwas aufgeschreckt, floh lärmend durch die Baumkronen. Ein Fuchs winselte. Für Mishi-Waub-Kaikaik waren all diese Dinge jetzt nicht mehr furchterregend, sondern nurmehr Geräusche: die Stimmen, mit denen Tiere und Vögel sich mitteilten.
Etwas anderes beschäftigte ihn, als er in seine Decke gehüllt unter dem Schutzdach lag. Die Kälte. Die feuchte Luft durchdrang alles, und er begann zu frösteln. Er rollte sich ein, doch auch das half nur vorübergehend. Und mit der Kälte kam der Hunger. Wie sehnte er sich nach einem Stück Fleisch, nach warmer Brühe, nach einer Handvoll trockenem Mais, irgend etwas, das den nagenden Hunger stillen konnte. Alle Gliedmaßen taten ihm weh, seine Augen brannten. Er war so müde und konnte doch nicht schlafen. O Behaglichkeit, Wärme, ein voller Bauch! Den größten Teil der Nacht konnte er an nichts anderes als die körperlichen Unbequemlichkeiten seiner Lage denken.

Doch als der Tag anbrach, merkte er, was mit ihm geschah. Er konzentrierte sich darauf, alle körperlichen Begierden zum Schweigen zu bringen. Er konnte ihnen doch nicht die Herrschaft über den Geist zubilligen; vielmehr mußte der Geist die Herrschaft über alle menschlichen Bedürfnisse ausüben. Das war die Überwindung des Ich, der Beginn eines ganz neuen Daseins. Noch immer war er schläfrig, aber er schlief nicht ein. Er schüttelte die schwere Müdigkeit ab. An diesem dritten Tag seines Wachens wurde er ganz ruhig. Der Wunsch, jemanden zu sehen, fiel von ihm ab, denn alles, worauf er seinen Geist verweilen ließ, war da. Er konnte sich von seinem Geist in Zeiten und Welten versetzen lassen, in denen er nicht gelebt und die er nie zuvor gesehen hatte. Ja, sein Geist trug ihn in die Welten des Himmels, öffnete sein Ohr für Laute, die er noch nie gehört hatte, ließ ihn diese Laute verstehen und ihre Schönheit erkennen. Er begegnete seiner Seele und gewann sogar eine vage Vorstellung von seinem Geist. Doch für den Verstand war diese Ahnung zu flüchtig – wie das Aufblitzen eines Glühwürmchens in der Nacht, ein blaugelber Punkt, der im nächsten Augenblick verlischt, um irgendwo anders wieder aufzutauchen.
Er hörte ihn, noch bevor er ihn sah ... Er schaute hinauf in den Nachmittagshimmel. Hoch oben im klaren Blau schwebte regungslos ein Adler, nur von einer Luftsäule getragen, deren kreisender Strömung er sich überließ. Schwerelos glitt er wie ein Kanu auf einem stillen See dahin. »Ah!« dachte Mishi-Waub-Kaikaik. Besäße er die Augen und die Schnelligkeit des Adlers, er würde weiter sehen und schneller laufen als irgendein Mann. Besäße er die grimmige Wildheit des Adlers, so würde er sich durch mutige Taten auszeichnen und Adlerfedern auf dem Kopf tragen. Der Feind würde vor ihm zittern ... Der Adler schwebte immer höher hinauf, bis er seinem Blick entschwand. Aber das war selbstsüchtig gedacht. Solche Gedanken drehten sich nur um das eigene Ich, nicht um andere. Gewiß, in dieser Zeit des Wachens war man für sich allein, und es ging darum, die Tiefen des eigenen Ich aufzudecken, doch ebenso wußte Mishi-

Waub-Kaikaik, daß er zu seinem Stamm zurückkehren mußte, um dort seine Vision zu leben, mit den Menschen und für sie. Zuerst kam der Stamm. Das war kein lebloses Prinzip, sondern eine sehr greifbare Wirklichkeit – die Alten und die Kinder und jene, die noch kommen würden: alle Menschen. Dies bedeutete aber nicht, daß der einzelne nur für den Stamm und nur für die anderen lebte. Erst wenn er mit Überzeugung sagen konnte: *Ich bin der erste Mensch; ich bin der letzte Mensch,* und dies durch seine Taten unter Beweis stellte, war er würdig und fähig, dem Stamm zu dienen. Dieser Gedanke war Mishi-Waub-Kaikaik von klein auf beigebracht worden. Das Ich aber gänzlich über die anderen zu stellen, war wider alle Überzeugungen und Gepflogenheiten des Stammes. So durfte er gar nicht erst denken.

Die erste Vision

In der letzten Nacht seiner Visionssuche stemmte Mishi-Waub-Kaikaik sich nicht mehr gegen den Schlaf. Er schloß die Augen und schlief sofort ein, doch sein Geist blieb hellwach. Er trug ihn in den Himmel, an Mond und Sonne und den Sternen vorbei, bis er vor die Himmelsgeister trat, die Beschützer der Musik und des Echos. Einer der Himmelsgeister führte ihn zu einer Regenbogenhütte, wo man ihm die Kleider abnahm. Dann wurde er zu einer Reinigungshütte geführt, und anschließend erhielt er neue Kleider.

Die Himmelsgeister sprachen, aber Mishi-Waub-Kaikaik verstand sie nicht. Keine Worte fielen; es waren nur Zeichen, und die Gespäche bestanden aus Blicken. Mishi-Waub-Kaikaik folgte seinem Führer zu einer dritten Hütte, die bestand aus Sternen. Er schaute hinein und sah darin eine Trommel, eine Flöte und eine Wurzel. Dann brachte der Führer ihn zur ersten Hütte zurück. Ringsum lagen weitere Hütten von gleicher Farbe, aber verschiedener Gestalt. Manche waren kuppelförmig, andere hatten Spitzen.

Mishi-Waub-Kaikaik setzte sich. Er blickte auf die Hütten von Odjeeg-Anung (Fischerstern), Waubun-Anung (Morgenstern) und Ningobi-Anung (Abendstern), und während er noch schaute, fing er zu singen an. Als er aber sang, begann er die Stimmen der Himmelsgeister zu verstehen, und seine Stimme mischte sich mit ihren:

> *N'daebaub auzhiwi-anungoong,*
> *K'gah kikinowaezhigook anungook.*
> Ich kann zur anderen Seite der Sterne sehen,
> Die Sterne werden dich führen.

> *N'daebitum auzhiwi-anungoong,*
> *K'gah noondaugook anungook.*
> Ich kann die andere Seite der Sterne hören,
> Die Sterne werden dich hören.

> *Kaugigae n'gah daebitaugoos.*
> Zeitlos ist meine Stimme.

Bald fielen alle Sterne – rote Sterne, Frauensterne, ferne Sterne – in diesen Gesang ein:

> *K'gah waussae/aubindum nebau/in,*
> *K'gah gawaek-oshae nebau/in.*
> Selbst im Schlaf wirst du wahrnehmen,
> Selbst im Schlaf wirst du hören.

> *Ae-naubindumun dah izhi-waebat,*
> *K'zhawaenimik Kitche Manitu.*
> Was du träumst, wird sein,
> Das Große Mysterium ist großzügig zu dir.

Maukinauk k'gah mizhinawae/ik,
Tchi mino-dodomun k'bawaudjigae.
Durch die Schildkröte wirst du sprechen,
Dein Leben lang wirst du träumen.

Nindo-waewaemishinaug.
Rufe uns.

Der Gesang verhallte, und der Führer berührte Mishi-Waub-Kaikaik und bedeutete ihm zu gehen. Langsam verblaßten die Hütten aus Sternen und Regenbogen und ein zweiter Traum begann.

Die zweite Vision

Mishi-Waub-Kaikaik wurde wieder hinunter auf die Erde gebracht. Dort lief ein kleiner Junge weinend auf ihn zu. »Er hat ihn mitgenommen!« rief er. »Er hat ihn mitgemommen! Hol ihn zurück! Hol ihn zurück!« Flehentlich klammerte der kleine Junge sich an ihn.
»Wen?« fragte Mishi-Waub-Kaikaik.
»Meinen kleinen Bruder. Ein Windigo hat ihn mitgenommen!« Und Mishi-Waub-Kaikaik nahm die Verfolgung des Ungeheuers auf. Nach etlichen Tagen holte er den Windigo ein, und nach einem furchtbaren Kampf erschlug er ihn mit seiner Keule. Dann schnallte er sich den Säugling in seinem Tragekorb auf den Rücken und machte sich auf den Heimweg.
Aber schon waren die Brüder des erschlagenen Windigo hinter ihm her. Ein Specht warnte ihn, die Feinde hätten sich gesammelt und seien ihm dicht auf den Fersen, und Mishi-Waub-Kaikaik lief, so schnell er konnte. Anfangs ging es leicht, doch dann wurde die Last auf seinem Rücken immer schwerer und ließ ihn langsamer werden. Bald würden die Windigos über ihn herfallen! Da er keinen anderen Ausweg mehr wußte, verbarg er die

Trage in einer kleinen Höhle und bat den Bären, der dort wohnte, sich um das Kind zu kümmern und es zu seiner Familie zurückzubringen. Dann lief er weiter, aber es wurde immer mühsamer, und schließlich brach er völlig erschöpft zusammen. Er war durstig und rang nach Luft. Sein Mund war wie ausgedörrt. Nur ein wenig Schnee hätte er gebraucht, und der lag da, direkt unter ihm, doch er war vom Laufen so sehr geschwächt, daß er nicht einmal den Kopf wenden oder auch nur die Hand ausstrecken konnte, um ein wenig Schnee in den Mund zu nehmen. Ein Fremder, der des Weges kam, fand Mishi-Waub-Kaikaik dort, und da er sah, was ihm nottat, trug er ihn zu einem nahegelegenen See, der dick vereist war, schlug mit seiner Hacke ein Loch und gab Mishi-Waub-Kaikaik Wasser zu trinken. Langsam erholte er sich, und der Fremde eilte weiter.

Mishi-Waub-Kaikaik trank und trank und trank, doch er konnte seinen Durst nicht stillen. Er trank, bis er schließlich durch das Eisloch in den See steigen mußte, und dort trank er weiter, bis der See kein Wasser mehr hatte und er selbst zu riesenhafter Größe angeschwollen war. Als er sich erhob, brach er die Eisdecke auf, und die Windigos, die eben den See erreicht hatten, suchten erschrocken das Weite.

Diesem Traum folgte sogleich ein dritter.

Die dritte Vision

Eine große Menschenmenge stand am Ufer eines großen Sees und wartete auf das Nachlassen des Windes, damit sie ihre Kanus zu Wasser lassen konnten, um sich auf den langen Weg in ein neues Land im Westen zu machen. Es war ein armes Volk. Ihre Werkzeuge waren aus Stein und Holz gemacht, ihre Kleidung aus Tierhäuten; ihre Liegstätten bestanden aus Zweigen, ihre Hütten aus Rinde. Ihr einziger wertvoller Besitz waren die Halsbänder und Broschen der Frauen. Dieser Schmuck war aus Muscheln gefertigt.

Auch die Gegend war karg. Wild und Fische waren verschwunden, Beeren und Früchte kaum zu finden. Da es hier nicht genügend zu essen gab, waren die Leute übereingekommen, ihre Lagerfeuer anderswo zu entfachen. Sie hatten sich für den Westen entschieden, das Land der Untergehenden Sonne. Jenes Land, so hatten sie gehört, war so schön wie die Abendschatten, und die Erde bot dort alles was man zum Leben brauchte in reicher Fülle. Jetzt konnten sie die Zeit des Aufbruchs kaum noch erwarten.

Dennoch murrten sie und stritten sich, während sie warteten. Es war kein Stamm, der dort am Ufer stand, sondern eine aus verschiedenen Völkern eher zufällig zusammengewürfelte Menschenmenge. Sie waren uneins über die Richtung und viele andere Nebensächlichkeiten.

Schließlich baten sie Mishi-Waub-Kaikaik, sie zu führen. Er besaß jedoch keine Erfahrung als Pfadfinder und Führer. Da bat er eine Forelle, die gerade aus dem See in die Luft sprang, ihnen den Weg zu zeigen. »Führst du uns ins Land der Untergehenden Sonne?« fragte er. Und die Forelle willigte ein.

Sieben Tage und sieben Nächte lang reisten sie westwärts der Forelle nach, bis sie das Westufer des riesigen Sees erreichten. Die Leute glaubten jedoch nicht, daß dies das Land der Untergehenden Sonne sei. Die Gegend war zu armselig und zu öd. Und so dauerte es kaum drei Tage, bis die Leute wieder zu murren anfingen. »Laßt uns weiterziehen. Was zögern wir noch? Hier gibt es doch nichts.« Mishi-Waub-Kaikaik fragte einen Fuchs, der sich dem Lager genähert hatte: »Wirst du uns ins Land der Untergehenden Sonne führen?« Und der Fuchs willigte ein.

Die Leute zogen durch dichte Wälder westwärts, bis sie die Plains erreichten. Weiter wollte der Fuchs nicht gehen. Zwei Tage lang lagerten die Leute dort, doch sie wußten, daß auch dies nicht der rechte Ort war. Hier war es zu flach und zu kahl. Nun überredete Mishi-Waub-Kaikaik einen Büffel, die Leute durch die Plains zu führen. Nach zehn Tagen erreichten sie ein Gebirge, und hier wollte der Büffel nicht weitergehen. Diese

Berge erglänzten zwar weiß im Morgenlicht und strahlten rot in der Abendsonne, aber sie war zu kalt und zu hoch. Das Land der Untergehenden Sonne mußte dahinter liegen.

So bat Mishi-Waub-Kaikaik denn eine Bergziege, sie durchs Gebirge zu führen. Unterwegs trafen sie auf fremde Stämme, deren Sprache sie nicht verstanden und deren Nahrung sie nicht essen konnten. Am Fuß eines hohen Berges setzten die Umherziehenden sich nieder, von der Höhe dieser Gipfel völlig entmutigt. Sie beklagten sich über Mishi-Waub-Kaikaik. Sie weigerten sich weiterzuziehen, wenn er ihnen nicht endlich etwas zu essen beschaffte und sie aus diesen Bergen herausführte. Mit der Hilfe vieler Bergziegen brachte er die Leute aus dem Gebirge und an den Rand eines großen Meeres. Dort standen sie und schauten hinaus zum Horizont und wußten, daß sie das gesuchte Land noch immer nicht gefunden hatten.

Sie zogen weiter. Eine Schneegans führte sie nordwärts bis an die Grenze von Eis und Schnee. Aber dem Land der Untergehenden Sonne waren sie immer noch nicht nähergekommen. Da gaben sie ihre Suche auf und kehrten in ihr altes Land zurück. Nie wieder betrachteten sie ihre Heimat als armselig.

Die Bedeutung der Visionen

Als Mishi-Waub-Kaikaik erwachte, war sein Vater schon mit Fleisch und Mais und kühlem Wasser da. Es war der vierte Tag seiner Fastenzeit, und Mishi-Waub-Kaikaik fühlte sich zwar schwach, aber wie neugeboren.

»Aneehn! Du mußt hungrig sein«, sagte Ogauh zur Begrüßung. Er setzte seinem Sohn eine gefüllte Schale vor, und Mishi-Waub-Kaikaik aß, obgleich er den Hunger überwunden hatte. Und es schmeckte ihm.

Danach gingen sie langsam nach Hause, immer wieder haltmachend, damit Mishi-Waub-Kaikaik sich ausruhen konnte.

»Ich glaube, ich hatte einen Traum«, sagte er zu seinem Vater. Mehr wurde nicht gesprochen. Sein Vater nickte nur.

Ogauh brachte seinen Sohn zu Cheengwun, um ihn die Träume deuten zu lassen, und Cheengwun bestätigte, daß es eine Vision gewesen sei und Mishi-Waub-Kaikaik nicht mehr zur Visionssuche ausziehen mußte. Dennoch zog Mishi-Waub-Kaikaik noch einmal aus. Wieder träumte er, doch diese Träume unterschieden sich kaum von den ersten drei.

Alle seine Visionen bewahrheiteten sich später. Das Wasser, von dem er geträumt hatte, stand für langes Leben. Er wurde sechsundneunzig Jahre alt. Der lange Zug über den See und durch die Ebenen und Berge, bei dem die Leute sich ganz auf ihn verließen, bedeutete Führerschaft. Über zwanzig Jahre lang war Mishi-Waub-Kaikaik Häuptling seines Stammes. Die singenden Himmelsgeister und Gottheiten schließlich kündeten von der Gabe der Vorausschau. Als Mitglied der Midewewin konnte Mishi-Waub-Kaikaik die Geister anrufen und von ihnen etwas über die Zukunft des Ratsuchenden erfahren.

Wenn er die Himmelsgeister anrief, hing der Erfolg des Rituals vom Vertrauen und von der Lauterkeit der Anwesenden ab. Das Ritual war zugleich eine Prüfung aller Beteiligten. Wenn die Umstände richtig waren – wenn es also bei den Vorbereitungen und in der Geistesverfassung der Anwesenden nichts gab, was die Anrufung beeinträchtigte –, so konnte man die Stimmen der Himmelsgeister hören. Ihre Anwesenheit kündigte sich durch ein Erzittern der Hütte an.

Mishi-Waub-Kaikaik war ein Jeesekeewinini, Einer-der-miteiner-anderen-Welt-in-Verbindung-tritt. Wenn er seine Schutzgottheiten anrief, hörte man ihn in einer fremden Sprache singen; manche sagten, es sei eine sehr alte, längst vergessene Sprache.

Der Kriegspfad
Baunindobindidowin

Die Anishnabeg waren im Grunde friedliebende Menschen und eher kontemplativ veranlagt. Da das Ansehen eines Mannes von seiner Großzügigkeit und seinem Können bei der Jagd abhing, spielte das Blutvergießen als Beweis der Männlichkeit nur eine untergeordnete Rolle. Der Kriegspfad wurde nur beschritten, wenn es um die Vergeltung eines wirklichen oder eingebildeten Unrechts ging. Ihr Stolz ließ es nicht zu, eine Beleidigung oder irgendwelche gewalttätigen Übergriffe ungerächt zu lassen – doch Eroberungs- oder Unterwerfungskriege hat es bei den Anishnabeg nie gegeben. Die vielen Rituale bei einem indianischen Kriegszug deuten darauf hin, daß ein Kampf sogar als heilige Sendung angesehen werden konnte.

Kämpfe zwischen den Stämmen kamen also überwiegend durch das Bedürfnis nach Rache zustande. Selten waren große Kriegerscharen daran beteiligt, und da es sich nicht um Feldzüge, sondern meist um Überfälle mit anschließendem schnellem Rückzug handelte, dauerten sie selten länger als einen halben Tag. Konflikte waren in der Regel nicht Stammesangelegenheiten, sondern eher persönlicher Natur, und sie wurden mit grimmigem Pflichtgefühl ausgetragen. Weil sie bei ihrer Rache kompromißlos waren und auf Verluste keine Rücksicht nahmen, waren die Krieger gefürchtet.

Das Unrecht

Einer der grimmigsten Krieger in Mishi-Waub-Kaikaiks Dorf war Bebon-Waushih (Fliegt im Winter). In einem Sommer erreichte die Nachricht das Dorf, ein benachbartes Lager sei überfallen und drei Menschen seien dabei getötet worden. Unter ihnen war auch Bebon-Waushihs Schwester.

Als Bebon-Waushih die Nachricht gehört hatte, gab es für ihn nur noch einen Gedanken: den Tod seiner Schwester zu rächen. Wären die Krieger des Dorfes daheim gewesen, er hätte sofort einen Trupp zusammengestellt, doch sie waren fort und würden erst nach Tagen wiederkommen. Nun mußte er warten.

Über seinen Racheplänen brütend, ging er weiterhin allen notwendigen Verrichtungen nach; er jagte und fischte, aber was er dabei nährte, war der Haß, der in seinem Blut kochte. Trauer und Bitterkeit vermischten sich zu einem Schmerz, der seinen Geist und seine Sinne trübte, aber seine Entschlossenheit nur weiter schürte. Nur Rache konnte diesen Schmerz lindern.

Die Dorfältesten zeigten ihm ihr Mitgefühl und versuchten, ihm seine Rachgedanken auszureden. Blutvergießen mit Blutvergießen zu vergelten, das wußten sie aus langer Erfahrung, führte nur zu noch mehr Haß und noch mehr Tod. Aber noch während sie diesen Rat erteilten, wußten sie schon, daß er auf taube Ohren traf. Für Bebon-Waushih stand seine Ehre auf dem Spiel, und so gab es für ihn gar keine andere Möglichkeit, als den Mördern seiner Schwester mit gleicher Münze heimzuzahlen.

Es war eine uralte Überzeugung, daß die Seele eines Erschlagenen weder in dieser noch in der nächsten Welt existieren konnte. Durch Arglist war sie aus dem Land der Lebenden vertrieben worden, und wegen ihres eigenen inneren Aufruhrs fand sie keine Aufnahme ins Land der Seelen. Nur Rache konnte diese Seele trösten und beruhigen, so daß sie in die Gemeinschaft der Vorfahren eingehen konnte. Nicht nur der alte Glaube, sondern die seit jeher geübte Handhabung solcher Konflikte schienen Bebon-Waushih recht zu geben.

Beratung

Bevor die Jäger aus den Bergen zurückkehrten, ging Bebon-Waushih zu Baeshkwae (Nachtschwalbe), einer Medizinfrau. Er teilte ihr mit, er werde eine Kriegerschar aufstellen, um den Tod seiner Schwester zu rächen, und bat Baeshkwae, ihm etwas über die Erfolgsaussichten des Unternehmens zu sagen. Er spendete Tabak für die Zeremonie des Zitternden Zelts.

Dann ging er zu Mishi-Numae (Großer Stör), dem Stammeshäuptling; ihn bat er um die Erlaubnis, die Kriegskeule ergreifen zu dürfen. Das war zwar nicht immer erforderlich, aber man tat doch besser daran, die Ältesten von den Kriegsabsichten wissen zu lassen. Wahrscheinlich würden sie das Ersuchen ablehnen, aber man durfte die Möglichkeit nicht ungenutzt lassen, vielleicht doch ihre Zustimmung zu erhalten, denn in diesem Fall war es leichter, die anderen Krieger für den Plan zu gewinnen. Mishi-Numae hörte sich an, was Bebon-Waushih zu sagen hatte, und schaute ihn dann lange ungläubig und mißbilligend an. Schließlich sagte er, er werde die Sache mit seinen Beratern erörtern; Bebon-Waushih solle nichts unternehmen, bevor er vom Rat etwas höre.

Nach zwei Tagen wurde Bebon-Waushih zu Baeshkwae gerufen. Sie hatte unterdessen Verbindung zu den Himmelsgottheiten aufgenommen. Die Geister hatten geantwortet: Der Königsvogel überwand die Krähen; der Königsvogel überwand den Habicht; und der Königsvogel überwand den Adler. Das sei ein gutes Omen, sagte sie. Bebon-Waushih nahm an, es bedeute, daß auch er triumphieren werde.

Aber der Häuptling und die Ältesten waren gegen den Krieg. Sie konnten ihn nicht gutheißen. Sie sagten, er werde die Kluft nur weiter vertiefen und zu noch mehr Blutvergießen führen, und all die Jahre, die der Stamm mit seinen Nachbarn in Frieden gelebt habe, wären dann zunichte. Außerdem sei die Missetat ja in einem anderen Dorf geschehen und ginge sie eigentlich gar nichts an. Mishi-Numae räumte ein, daß der Stamm Bebon-

Waushih nicht von seinem Vorhaben abhalten könne, aber die Alten würden ihn nicht unterstützen und niemandem zuraten, sich daran zu beteiligen.

Das Einverständnis der Alten hätte Bebon-Waushih zwar die Durchführung seines Plans erleichtert, aber letztlich bedeuteten die Einwände des Stammes wenig für einen so willensstarken Kriegshäuptling wie ihn. Es würden sich immer Männer finden, die bereit waren, ihm zu folgen; vor allem die jüngeren, die darauf aus waren, Ruhmestaten zu vollbringen und sich als mutige Männer zu erweisen. Da jetzt gerade die Hauptzeit des Jagens und Fischens war, müßte er vermutlich auf einige dieser unerprobten jungen Männer zurückgreifen. Das würde zwar die Gefährlichkeit des Unternehmens erhöhen, aber Bebon-Waushih hatte sich überlegt, daß er mindestens acht bis zehn Männer brauchte.

Kriegsmedizin

Er ging wieder zu Baeshkwae und bat sie, die Medizinen für den Kriegszug zu bereiten. Kein Überfalltrupp zog ohne diese Medizinen aus. War die Kriegerschar groß genug, so wurde ein Medizinmann geladen, sie zu begleiten und die Krieger mit Arzneien zu versorgen. Diese waren ausnahmslos heilkräftige Arzneitränke.

Die erste Medizin war die Bizhikeeibuk oder Büffelwurz, die Kraft und Ausdauer verlieh. So stark war dieser Trank, daß man sich stufenweise an ihn gewöhnen mußte, bis man vier Portionen am Tag vertrug. Viermal am Tag mußte der Krieger dieses Kraft-Elixier zubereiten und trinken. Dazu löste er ein wenig gepulverte Bizhikeeibuk in einer kleinen Birkenrindenschale mit Wasser auf. Dann nahm er die Schale in beide Hände, schloß die Augen, bot die Schale dem Norden, dem Osten, dem Süden und dem Westen dar und bat die Gottheiten, die an den vier Enden der Welt wohnten, ihm Kraft zu verleihen. *Laßt*

*meine Kraft sein wie die des mächtigen Büffel, der wie ein Fels den
Schneestürmen und der Sommerglut der Pärie standhält. Wie der Büffel laß mich nie auf meinem Pfad ermüden, so daß ich die Welt
umwandern könnte, wenn es denn sein müßte.*

Die zweite Medizin war Minissinowushk, von manchen Insel-
medizin, von anderen Kriegermedizin genannt. Sie wurde auf
Wunden gelegt, um das Blut zu stillen.

Die dritte Medizin war Waubunowushk; sie wurde von einem
Mitglied der Morgendämmerung-Gesellschaft zubereitet und
dann in ein kleines Bündel verpackt, das ein Krieger zu tragen
hatte. Dieser Medizin wurden übernatürliche Kräfte zugeschrieben; sie schützte den Krieger, indem sie die böse Medizin des
Gegners überwand und außerdem dessen Schutzmedizin
unwirksam machte. Sie galt als ebenso wichtig für den Krieg wie
Pfeil und Bogen. Von Kämpfern, die viele Schlachten überlebt
hatten, sagte man, sie besäßen das Geheimnis des Fortdauern-
den Lebens. Dieses Geschenk des Großen Geistes, das jedermann gern empfangen hätte, würde von Waubunowushk ver-
körpert. Der Medizinmann betete über dem Waubunowushk-
Bündel und bat Kitche Manitu, den Kriegern das Geheimnis des
Überlebens durch das Medizinbündel zukommen zu lassen.

Die Aufforderung

Manchmal schickte der Kriegshäuptling seinen Kurier, um die
anderen Krieger um die Teilnahme an seinem Kriegszug zu ersuchen. Für gewöhnlich aber tat er es lieber selbst. Persönliche
Appelle waren wirkungsvoller als überbrachte Botschaften.
Jedenfalls mußte dabei eine Form gewahrt werden, die so alt war
wie der Stamm selbst.

Nachdem Bebon-Waushih um die Zubereitung der Medizinen
gebeten hatte, suchte er andere Krieger auf. Zunächst ging er zu
Beewaubik (Eisen), einem Krieger, der sich viele Ehren erworben hatte und bei zahlreichen Überfällen dabeigewesen war. Sie

setzten sich mit überkreuzten Beinen einander gegenüber; Bebon-Waushih sprach leise und Beewaubik zeichnete im Sand Figuren. Ja, er würde mitgehen, um Schmerz und Trauer zu verbreiten und den Feinden mit gleicher Münze heimzuzahlen. Nun hatte er sein Wort gegeben. Bebon-Waushih zündete die Pfeife an, die rote Kriegspfeife, und reichte sie Beewaubik. Damit war ein Pakt geschlossen, ein feierliches und sehr ernst gemeintes Gelöbnis gegeben. Es war vollkommen verbindlich. Ein Mann gab niemals sein Wort, wenn er es nicht halten konnte; aber wenn er es einmal gegeben hatte, würde er es nie brechen. Ein Mann zu sein bedeutete, daß seinem Wort geglaubt werden konnte. Beewaubik zog viermal an der Pfeife und rief die Götter als Zeugen an:

Keenwauh ayaubeetumaek keewaetinoong,
Mishishuh n'zugusswauh.
Zu dir, der du im Norden wohnst,
Vor deinen Augen rauche ich die Pfeife.

Keenwauh ayaubeetumaek waubunoong,
K'ginoonikoom tchi noondumaek.
Zu dir, der du im Osten wohnst,
Vor deinen Ohren spreche ich das Wort.

Keenwauh ayaubeetumaek zhauwunoong,
Kaugigaenig n'd'kittowinun.
Zu dir, der du im Süden wohnst,
Über deine Ferne hinaus hallt mein Wort.

Keenwauh ayaubeetumaek epingishmook,
Mishiwigeezhigoong n'bazawaewaeshin.
Zu dir, der du im Westen wohnst,
Über die Zeit hinaus gilt mein Wort.

Dann rauchte Beewaubik die Pfeife schweigend zu Ende.
Bebon-Waushih ging weiter. Von den sechs führenden Kriegern
des Dorfs, die er gewinnen wollte, sagten vier zu: Nawadjiwon
(In der Mitte des Stroms), Meelauwaussige (Geradewegs Leuchtend), Aupita-Geezhig (Halb-Tag) und Zaugitau (Hervorkom-
mende Knospe). Die beiden anderen lehnten ab; es waren
Maudji-Geezhig (Bewegter Himmel) und Manituwaub (Sieht
wie ein Geist). Sie wären gern mitgekommen, hatten jedoch
bereits mit ihren Familien vereinbart, Blaubeeren zu sammeln.
Vielleicht ein andermal, sagten sie. Bebon-Waushih bedauerte,
daß sie nicht kommen konnten. Ihre Kraft und Erfahrung
wären ihm zustatten gekommen; außerdem besaßen sie macht-
volle Medizin. Doch sie hatten ein Recht abzulehnen, und dies
war kein Anlaß, an ihrem Mut zu zweifeln. Man mußte es jedem
selbst überlassen, was ihm am wichtigsten war.
Während Bebon-Waushih von einer Hütte zur anderen ging,
fiel ihm auf, daß man im ganzen Dorf bereits von dem bevorstehenden Überfall wußte. Die meisten waren dagegen. Nur die
Jugend schien dafür zu sein – Jungen von sechzehn oder sieb-
zehn Jahren, die Männer sein und die nächste Lebensstufe erreichen wollten, indem sie mannhafte Taten vollbrachten. Sie
waren keine Kinder mehr und noch keine Männer, und eigentlich galten sie als ungeeignet für die Teilnahme an derartigen
Überfällen. Ihre Medizin war noch nicht erprobt worden und
hatte sich noch nicht bewähren können. Aber, wie Bebon-
Waushih erwartet hatte, bettelten viele darum, mitgehen zu dürfen, und so wählte er schließlich vier von ihnen aus. Fünf
erwachsene Männer waren eine zu kleine Streitmacht, und mit
den jungen Männern und dem Medizinmann wären sie zusammen zehn. Einer der jungen Männer, die mitkommen durften,
war Mishi-Waub-Kaikaik.
Der Tag des Aufbruchs wurde festgelegt. Am Vorabend wollte
man im Dorf die Zeremonie des Kriegstanzes begehen.

Der Kriegstanz

Zusammen mit den vier jungen Männern schlug Bebon-Wau-shih eine Zeder und richtete sie zu einem Pfahl zu, den er in der Mitte des Dorfkreises aufstellte. Das war der Kriegspfahl. Dann zogen Mishi-Waub-Kaikaik und seine Gefährten mit einer Schar kleinerer Jungen und Mädchen los, um Holz für das Kriegsfeuer zu sammeln. Die übrigen Dorfbewohner waren damit beschäftigt, Fischhälften, Fleisch, Mais und Beeren für das Mahl am Abend vorzubereiten.

Als die Sonne hinter den Hügeln unterging, entfachten die vier jungen Männer das Feuer. Ein einsamer Trommler begann langsam und wehmütig zu singen und schlug dazu die Trommel. Das war der Ruf an alle, aber viele Dorfbewohner hatten sich bereits versammelt, um das Geschehen genau zu verfolgen. Es war ein feierlicher Augenblick; für alle ein Abschied, für manche, vor allem die Jüngeren, ein aufregendes Schauspiel. Man gab dem Feuer reichlich Nahrung, und der einsame Trommler sang und trommelte weiter. Bald darauf erschien der Hüter der Trommel, und hinter ihm gingen in einer Reihe vier weitere Trommler. Er prüfte den Klang der Trommel und stimmte sie ein wenig nach, indem er die Felle an den Flammen erwärmte. Die Wolken im Westen leuchteten purpurn, und der gleiche Farbglanz legte sich auch über den Wald auf den Hügeln. Dann begannen die vier Trommler die Trommel zu schlagen. Ganz sacht zuerst, als fürchteten sie die Stille zu stören oder die Trommel zu verletzen. Aber als sie in den Rhythmus hineingefunden hatten, schlugen sie stärker, bis der Trommelklang weit in die Schatten der heraufziehenden Nacht hinaushallte. Ziegenmelker und Eule schwiegen, und selbst die Insekten schienen vor dem Klang der Trommel zu verstummen. Das harte und durchdringende Trommeln war stärker als Worte es je sein können, und rief einen eingeborenen Ur-Instinkt wach. Und der Geist der Trommler war gänzlich auf dieses Tun gesammelt. Mit hoher Stimme begann der erste Trommler zu singen, und kurz darauf fielen auch die anderen in den wortlosen Gesang ein. Mit zwei leichten Schlägen wechselte der erste Trommler nun zu einem langsameren Rhythmus. Die Stimmen schwiegen jetzt, nur noch die Trommel war zu hören. Von Bebon-Waushih angeführt, traten die Krieger in voller Kriegstracht hintereinander aus dem Dunkel. Sie trugen ihren Kopfschmuck, ihre Armbänder und Amulette, die Zeichen ihres Mutes und ihrer Taten; sie trugen Lendentuch, Beinschutz und Mokassins. In den Händen hielten sie ihre Kriegskeulen. Sie traten in den vom Feuer erleuchteten Kreis und begannen zu tanzen.

Viermal umtanzten sie das Feuer, schwangen ihre Keulen und stießen, den Kopf zurückwerfend, ihre Kriegsschreie aus. Beim Tanzen bogen, drehten und wanden sie sich, und nach der vierten Runde setzten sie sich mit dem Gesicht zum Kriegspfahl nieder.

Bebon-Waushih, der Kriegshäuptling, stellte sich vor den Kriegspfahl hin, seinen Kriegern und der versammelten Menge gegenüber. Alle Augen waren auf ihn gerichtet. Er war groß und schlank, geschmeidig wie ein Fuchs. Er hatte nichts von roher Kraft an sich, sondern bewegte sich anmutig wie ein Hirsch. Seine Augen erinnerten mit ihrem durchdringenden Blick an die eines Habichts: nichts entging ihnen. Sein Kopfschmuck hatte fünfzehn Federn, und jede stand für einen Sieg. Bebon-Waushih hob seine Keule.

»Meine Brüder! Meine Schwestern! Meinem Totem, meiner Familie und mir wurde ein großer Schaden zugefügt. Ja, der Stamm selbst hat einen Verlust erlitten. Wir alle leiden in gleichem Maße, wenn ein Stammesangehöriger stirbt. Da ist dann ein Bruder weniger in unserer Familie, in unserem Totem; der Stamm hat einen seiner Angehörigen verloren. Meine Schwester – unsere Schwester – wurde getötet, im Dorf unserer Stammesbrüder, auf unserem Land. Der Feind hat nicht nur meiner Familie einen Verlust zugefügt, sondern unseren Stamm geschmäht, indem er in unser Land einfiel und ein Dorf unserer Brüder und Schwestern angriff.

Sollen wir dieses Blutvergießen einfach hinnehmen? Nein, meine Brüder! Wir dürfen dem Feind nicht erlauben, in unser Land einzudringen, über unsere Brüder und Schwestern herzufallen und vor unseren Augen seine Kriegskeulen zu schwingen. Die Feinde würden glauben, die Anishnabeg seien nichts weiter als Krähen, die sich von jedem kleinen Vogel am Himmel einschüchtern lassen. Unsere Sicherheit ist bedroht! Unser Ruf als tapfere Krieger steht auf dem Spiel! Ich jedenfalls werde nicht zulassen, daß man einem Angehörigen meines Totems oder Stammes ungestraft Schaden zufügt.

Es ist kein Zufall, daß ich dem Wolf-Totem angehöre, dem Totem der Krieger und Beschützer des Stammes. Und es ist kein Zufall, daß ich diese Federn und Armbänder trage, erworben im Kampf um die Sicherheit unseres Volkes und unserer Dörfer. Ich bin ein friedfertiger Mann – doch ich scheue den Krieg nicht! Für euch und eure Kinder habe ich mein Leben mehr als einmal eingesetzt. Und jetzt werde ich es abermals tun.«

Während Bebon-Waushih sprach, ging er, die Keule schwingend, vor dem Kriegspfahl auf und ab. Zum Nutzen der anderen Krieger, vor allem der jüngeren, die zum erstenmal mitziehen würden, begann er von seinen kriegerischen Taten zu erzählen. Dies war der einzige Anlaß, bei dem ein Krieger von seinen Leistungen berichtete.

»Als ich das erste Mal auf den Kriegspfad ging, vor langer Zeit, war Book-Iningaweengun (Gebrochene Schwinge) mein Kriegshäuptling. Unsere Kriegerschar war viele Tage unterwegs, bis wir das Lager der Feinde erreichten. Es war größer, als wir erwartet hatten. Mehr als fünfzig Krieger waren dort versammelt, und wir waren nur zehn. Stürmen konnten wir das Lager also nicht, aber wir versteckten uns und beobachteten jede ihrer Bewegungen. Am vierten Tag sahen unsere Späher vier der Feinde von Norden her näherkommen. Wir versteckten uns oben auf dem Hügelkamm, während die Feinde unten durch die Schlucht gingen. Wir sahen sie nicht, aber sie konnten uns auch nicht sehen. Sie unterhielten sich aber und lachten, und so wußten wir, wo sie gerade gingen. Als sie direkt unter uns waren, gab Book-Ininga-weengun ein Zeichen, und wir stürzten uns auf sie. Jung und schnell, wie ich war, erreichte ich sie als erster. Ich sprang den vordersten an, und noch bevor er seine Keule heben konnte, schlug ich ihn nieder!« Mit diesen Worten wirbelte Bebon-Waushih herum, sprang auf den Kriegspfahl zu und versetzte ihm einen so heftigen Schlag, als hätte er den Schädel eines Feindes vor sich. »Noch bevor er sich nicht mehr regte, hatte ich mein Messer gezogen und ihm den Skalp abgeschnitten. An diesem Tag wurde ich ein Krieger – besaß ein Anrecht darauf, eine Adlerfeder zu tragen und bei den Männern zu sein. Bei der Siegesfeier schenkte Book-Iningaweengun mir meine erste Feder. Bei meinem zweiten Kriegszug unter der Führung von Book-Iningaweengun forderten wir die feindlichen Krieger zur offenen Schlacht heraus. Sie waren acht. Wir waren zehn. Aber sie kamen, und wir kämpften mit Keulen. Im Kampfgetümmel sah ich einen der Feinde mit erhobener Keule auf Book-Iningaween-gun zustürmten. Ich setzte ihm nach, und bevor er zuschlagen konnte, umklammerte ich ihn und rief Book-Iningaweenguns Namen. Er erschlug den Mann, während ich ihn festhielt – und dafür trage ich dieses Armband, das mir beim Siegestanz verliehen wurde.« Bebon-Waushih deutete auf einen Streifen Skunk-fell, den er um den linken Oberarm trug. Dann schnellte er mit einem Satz zum Kriegspfahl und versetzte ihm einen Schlag. Nun folgte ein dritter Bericht. »Wieder ein anderes Mal stellten meine Krieger-Brüder mich auf die Probe. Sie fragten, ob ich den Mut habe, während des Kampfes mitten auf dem Schlachtfeld zu stehen und unsere Standarte zu halten – und ich tat es. Ich hielt die Standarte und verhöhnte die Feinde und forderte sie auf, mir unsere Standarte zu entreißen. Ich wich keinen Fuß-breit, wie es von mir erwartet wurde, und war bereit, für das Zeichen unseres Stammes mein Leben zu geben. Da wußten meine Brüder, daß meine Medizin und mein Herz stark waren – und die Feinde wußten es auch. Dieses Armband«, er deutete auf ein Stück Skunkhaut an seinem rechten Handgelenk, »ist der

Beweis meines Mutes bei diesem Kampf.« Und wieder schlug er den Kriegspfahl.

Er erzählte noch von weiteren seiner Taten. Es war ein langer Bericht, obgleich er von jedem Kampf nur das Wichtigste schilderte. Er schmückte seine Geschichten nicht aus. Es war nicht nötig, denn er sprach die Wahrheit. Er redete zwar über sich selbst und seine Taten, doch ohne jede Aufschneiderei. Als er geendet hatte, starrte er die versammelten Menschen grimmig an.

»Meine Brüder und Schwestern! Das habe ich getan. Und das werde ich tun.« Er führte einen letzten Schlag gegen den Kriegspfahl und setzte sich.

Nun erhob sich Nawadjiwon, nach Bebon-Waushih zweiter in der Zahl der kriegerischen Ehrungen und nächster in der Rangfolge. Er war ein untersetzter Mann, breitschultrig; Erscheinungsbild und Bewegungen erinnerten an einen Elch. Man sah ihm an, daß er seine Abenteuer beim Erzählen noch einmal durchlebte: wie ihm bei seinem ersten Kampf die Keule entglitt und er mit bloßen Händen einem Feind das Genick brach und einen zweiten erwürgte; wie er einmal als Lockvogel dienen mußte, um den Feind in die Irre zu führen; und wie er sich ein anderes Mal mitten unter die Feinde stürzte und mit einem Schnitt am Arm und etlichen Beulen davonkam. Er zeigte dem Feind seine Medizin. Noch zehn weitere Heldentaten erzählte er und schlug den Kriegspfahl insgesamt dreizehnmal. Ihm folgten Beewaubik, Meelauwaussige, Aupita-Geezhig und Zaugitau, und sie alle erzählten von ihren Siegen.

Dann waren die jungen Männer an der Reihe, die Bebon-Waushih ausgewählt hatte, zum erstenmal mit auf den Kriegspfad zu gehen. Als Mishi-Waub-Kaikaik aufstand, war er ein wenig verlegen, weil er noch nichts zu erzählen hatte – aber er tanzte und schlug den Kriegspfahl so wild und heftig, wie er nur konnte. Er war entschlossen, sich als Mann von Kraft und Mut zu zeigen und hoffte sich wacker zu schlagen, damit er später auch einmal Geschichten seiner Taten erzählen konnte.

Alle vier tanzten sie und schlugen den Kriegspfahl mit ihren Keulen. Als sie sich wieder setzten, trat einer der älteren Männer in den Feuerkreis. Er trug einen kleinen weißen Hund im Arm. Bellend sprang der Hund zu Boden und schnappte sich ein Stück Fleisch, das man ihm hingeworfen hatte. Dann setzte er sich auf die Hinterpfoten und wartete auf weitere Brocken. Doch der alte Mann zog sein Messer, ergriff den Hund und schnitt ihm mit einer blitzschnellen Bewegung die Kehle durch. Das Tier zuckte kurz und regte sich nicht mehr. Im nächsten Moment schlitzte ihm der alte Mann den Bauch auf und zog die Leber heraus. Er legte die blutige rotbraune Leber auf einen Holzblock und schnitt sie in zehn Streifen. Als erstem bot er Mishi-Waub-Kaikaik, dem jüngsten der künftigen Krieger, einen Streifen davon an. Mishi-Waub-Kaikaik nahm es, betrachtete es einen Moment und steckte es dann in den Mund. Er verzog keine Miene – denn so mußte es sein. Wer am Hundemahl teilnahm, hatte das Fleisch zu verzehren, ohne irgendeine Regung zu zeigen. Zu sehen, wie der Hund getötet wurde, und dann sein Fleisch zu essen, war ein Zeichen von Mut, und wer nicht für feige gehalten werden wollte, durfte weder davor zurückscheuen noch die Leber erbrechen. Sowohl Mishi-Waub-Kaikaiks Gefährten als auch die älteren Krieger aßen die Leber ohne das geringste Zögern. Letztere taten es, als hätten sie dies ihr Leben lang gemacht und als könnten sie ohne weiteres noch zulangen, wenn es mehr davon geben würde.

Einigen Kindern und Frauen grauste es allerdings sichtlich. Als jedoch Bebon-Waushih als letzter seine Portion verzehrte, riefen alle wie aus einem Mund begeistert: »Hau! Hau! Hau!«

Danach ertönte wieder die Trommel, aber kräftiger und feierlicher als zuvor. Mehr Holz wurde aufgelegt, und die Funken stoben himmelan, um mit dem Rauch in den Nachthimmel zu fliegen. Dann verteilte Bebon-Waushih seine Krieger rund um das Feuer. Was nun begann, war nicht einfach ein Tanz, sondern ein erneutes Durchleben früherer Kämpfe. Es war eine Entfesselung der Leidenschaften – Feindseligkeit, Stolz, Verachtung, Waghalsigkeit, Furcht, Mut, Traurigkeit, Triumph –, all das fand Ausdruck in seinen Augen, in seiner Stimme, in seinen heftigen und doch beherrschten und geschmeidigen Bewegungen. Bei der vierten Umrundung des Feuers schloß sich der ganze Stamm an, aber nicht weil nun alle das Vorhaben billigten, sondern einfach im Geist der Brüderlichkeit. Immer weiter tanzten sie, schweißüberströmt, bis Bebon-Waushih sich setzte. Die Trommler stellten die Trommel beiseite. Und gemeinsam sprachen nun alle den vorbereiteten Speisen zu.

Der Weg

Früh am Morgen verließen die Krieger, hintereinander schreitend, das Dorf; nur ein paar Frühaufsteher hatten sich versammelt und schauten ihnen nach. Vor den Kriegern liefen vier Frauen hin und her, verstellten ihnen den Weg und flehten sie an, heimzukehren. Auch das war ein Ritual. Keine Bitte konnte die Krieger zurückhalten. Nichts konnte sie jetzt noch aufhalten. Schließlich liefen die vier Frauen ein Stück voraus, und jeweils zwei stellten sich rechts und links des Weges auf. Die Krieger gingen zwischen ihnen hindurch.
Es waren vier Tagesmärsche bis zum nächsten Lager der Feinde, vier Tage durch Wälder und Sümpfe, über Bäche und Flüsse. Acht oder mehr Tage des sorgenvollen Wartens standen dem Stamm bevor. Eine alte Frau hatte das Nordlicht gesehen, noch bevor in Bebon-Waushih der Gedanke an Rache keimte, und sie sagte, die roten Farbtöne, in die der ganze Himmel getaucht war, deutete auf Blutvergießen. Diese Voraussage würde allen Zurückbleibenden bedrückend deutlich vor Augen stehen, solange die Krieger fortwaren.
Für Krieger gab es solche Vorahnungen nicht. Besaßen sie nicht gute Medizin, Erfahrung, Mut?
Die erste Nacht lagerten sie an einem kleinen See. Die älteren Männer bauten Schutzdächer aus Zedernzweigen, während

Mishi-Waub-Kaikaik und seine Kameraden Fische für das Abendessen fingen. Bevor sie aßen, mahnte Bebon-Waushih die jungen Männer, niemals über die Waffen eines Kriegers zu steigen, die Seite an Seite auf dem Boden neben seinem Schutzdach lagen. Das wäre schlimm, denn Jünglinge, die noch keine Kampferfahrungen besaßen, könnten dabei die geheime Medizin der Waffen zunichte machen. Außerdem wies er sie an, die eigenen Waffen ordentlich abzulegen und sie in gleicher Weise zu achten. Und schließlich versicherte er ihnen, nach dem bevorstehenden Kampf dürften sie ihre Kriegskeulen neben die der älteren Krieger legen.

Als die Sonne unterging, tranken Bebon-Waushih und seine Krieger die Bizhikeeibuk-Medizin. Danach nahm Bebon-Waushih seine kleine Rassel und setzte sich mit überkreuzten Beinen nieder. Seinen Blick richtete er nach Südwesten, dort wohnten die Feinde. Die vier erfahrenen Kämpfer und der Medizinmann setzten sich hinter ihn und die vier unerfahrenen Jünglinge noch ein weiteres Stück dahinter. Leicht und schnell schüttelte Bebon-Waushih seine Rassel und ließ dazu ein kehliges Summen hören, bevor er sein Kampflied sang:

Zhawunoong, zhawunoong
N'd'muwihnaegae, n'd'muwihnaegae.
Nach Süden, nach Süden
Gehe ich, ihnen Schmerz zu bereiten, gehe ich, ihnen Schmerz zu bereiten.

Keewaetinoong, keewaetinoong
Tibishko n'gah naningishkowauk, tibishko n'gah naningishko-
wauk.
Wie der Nordwind, wie der Nordwind
Werde ich sie zittern machen, werde ich sie zittern machen.

Mishi-Kineu, mishi-kineu
N'd'gawautaeshkauk, n'd'gawautaeshkauk
Der mächtige Adler, der mächtige Adler
Wirft seinen Schatten auf mich, wirft seinen Schatten auf
mich.

N'd'pugumaugun, n'd'pugumaugun
W'd'gawishkaugaemigut, w'd'gawishkaugaemigut.
Meine Kriegskeule, meine Kriegskeule
Wird einen niederstrecken, wird einen niederstrecken.

Apee waubumuk, apee noondowuk,
N'gah wukaunkaunauh, n'gah wukaunkaunauh.
Wenn ich ihn sehe, wenn ich ihn höre,
Werde ich ihn zum Sklaven machen, werde ich ihn zum
Sklaven machen.

Myeengun n'dodem, myeengun n'dodem,
Naneezaunizih, naneezaunizih.
Der Wolf ist mein Totem, der Wolf ist mein Totem,
Gefährlich ist er, gefährlich ist er.

Wauss-Nodae, Wauss-Nodae
Misqui-geezhig, misqui-geezhig.
Die Nordlichter, die Nordlichter
Blut war der Himmel, Blut war der Himmel.

Meegwauhnse, meegwauhnse
Bemaushih geezhigoong, bemaushih geezhigoong.
Eine Feder, eine Feder
Fliegt durch den Himmel, fliegt durch den Himmel.

N'zaesaegawaudjigun, n'zaesaegawaudjigun
W'dah bimissae, w'dah bimissae.
Mein Amulett, mein Amulett
Wird auffliegen, wird auffliegen.

Kogaediwinning, kogaediwinning
W'dah muhwiwuk, w'dah muhwiwuk.
In jenem Dorf, in jenem Dorf
Werden viele Tränen fließen, werden viele Tränen
fließen.

Kauween n'zaegizissee, kauween nzaegizissee,
Wauweendung nibowin, wauweendung nibowin.
Ich fürchte mich nicht, ich fürchte mich nicht,
Wenn vom Tod die Rede ist, wenn vom Tod die Rede ist.

N'mushki-akeem, n'mushki-akeem
Aupitchi-manituwun, aupitchi-manituwun.
Meine Medizin, meine Medizin
Ist sehr wirksam, ist sehr wirksam.

Keenwauh, keenawind
K'minissinowim, k'minissinowimim.
Ihr, wir
Krieger ihr, Krieger wir.

Einer nach dem anderen sangen die Krieger ihre Kampflieder im
Dunkel am kleinen Feuer, alle außer den jungen Männern, die
etwas abseits saßen. Danach tanzten sie noch einmal den Kriegs-
tanz, nicht so entfesselt wie im Dorf, aber mit derselben Entschlossenheit. Zum Schluß tranken sie wieder die starke Bizhikeeibuk-Medizin.

Vor dem Aufbruch am nächsten Morgen leitete Bebon-Waushih die Zeremonie der Kriegspfeife, ein schlichtes Ritual, ähnlich dem der Friedenspfeife, nur wurden jetzt die Götter und
Geister für den Weg und den bevorstehenden Kampf um
Schutz gebeten. An jedem dieser Tage hatten die Krieger dieselben Handlungen zu wiederholen: die Kriegspfeife rauchen, die
Bizhikeeibuk-Medizin nehmen, den Kriegstanz ausführen, ihre
Kampflieder singen und ihre Waffen auf bestimmte Weise ablegen.

Am Vorabend der Begegnung mit den Feinden bereitete der Medizinmann in einer Schale aus Birkenrinde ein blutrotes Gebräu. Über die Schale gebeugt, sprach er Gebete und sang Lieder:

> *Tibishko beewaubik*
> *Pugumaugun, pugumaugunun.*
> Wie Eisen
> Die Kriegskeule, die Kriegskeulen.

> *Tibishko waussmohwin*
> *Pigook, pigookoon.*
> Schnell wie der Blitz
> Der Pfeil, die Pfeile.

Dann wandte er sich an die Krieger. »Ahau!« sagte er. »Meine Brüder! Taucht die Spitzen eurer Pfeile in die Medizin. Färbt sie. Das macht eure Pfeile sicher und schnell.«

Bebon-Waushih begann als erster und jeder Krieger tauchte die Spitze seines Pfeils in die Flüssigkeit, wobei der Medizinmann jedesmal sagte: »Rot wie die Farbe des Blutes. Rot wie die Farbe des Blutes.« Anschließend geschah dasselbe mit den Keulen.

An den vergangenen drei Tagen hatten die Krieger ihre Bizhikeeibuk-Medizin schweigend genommen. An diesem Abend sang Bebon-Waushih dazu:

> *Tibishko mishi-kaikaik*
> *N'baeshowito, acthinahwito.*
> Wie der Falke
> Lasse ich die Entfernung schrumpfen, verkürze ich die Zeit.

> *Auzhigo n'waubumauh*
> *Gawissaet, gawissaewaut.*
> Schon sehe ich
> Ihn fallen, sie fallen.

Bebon-wauhih, n'd'igoo
Bebon-waushih, n'd'igoo.
Sie sagen, ich fliege im Winter
Sie sagen, ich fliege im Winter.

Kauween n'gah bimiwaugunaezissee,
N'gah geewae.
Ohne eine Wunde, ohne ein Zeichen
Werde ich heimgehen.

Für einen, der Bizhikeeibuk trank, war Entfernung – wie für den
Falken – kein Hindernis; die Medizin gab ihm zwar nicht die
Schnelligkeit des Falken, aber unerschütterliche Ausdauer. Als
Mishi-Waub-Kaikaik sie trank, erinnerte er sich seines Beschüt-
zers, des weißen Falken, und er brannte auf den Kampf und war
voller Zuversicht, seine Heimat wiederzusehen.

Der Kampf

Am nächsten Morgen, nachdem sie die Pfeife geraucht hatten,
schickte Bebon-Waushih zwei Kundschafter voraus, um den
Feind auszuspähen. Die übrigen schlichen weiter durch den
Wald, die Gesichter rot und schwarz bemalt – Farben des Krie-
ges und des Todes.
Gegen Mittag kamen die Kundschafter zurück und berichteten,
sie hätten die Feinde gesehen. Sie waren jedoch für einen direk-
ten Angriff zu zahlreich; der ganze Stamm war auf den Beinen.
Am Nachmittag umschlichen die Krieger den langen Zug der
Feinde und warteten darauf, daß einzelne sich von ihm entfern-
ten. Doch niemand kam. Am späten Nachmittag überschritten
die Feinde einen Fluß und schlugen am anderen Ufer ihr Lager
auf. Während die meisten mit dem Errichten der Unterkünfte
beschäftigt waren, brachen mehrere kleine Gruppen zur Jagd
auf.

Hinter herabhängenden Weidenzweigen verborgen, beobachteten Bebon-Waushih und seine Krieger drei Männer mit Speeren, die zum Flußufer herunterkamen. Sie schauten sich flußaufwärts und flußabwärts um und wandten sich nach einer kurzen Besprechung flußaufwärts. Die Anishnabeg-Krieger schlichen ihnen nach. Bei einer Stromschnelle überquerten die drei Männer den Fluß. Er staute sich oberhalb zu einem kleinen See mit steil abfallenden Ufern. Die Männer postierten sich an verschiedenen Stellen und warteten mit zum Stoß bereiten Speeren auf Fische.

Das Tosen der Stromschnellen übertönte alle Geräusche, und so konnten die Krieger sich sehr schnell anschleichen. Wie Luchse näherten sie sich geduckt den Feinden, und wie Luchse schnellten sie vor, als Bebon-Waushihs fallende Hand das Zeichen zum Angriff gab. Sekunden später war alles vorbei, fast ohne ein einziges Geräusch. Die Feinde hatten weder Zeit zu schreien, noch sich gegen die Keulenschläge zu wehren. Kaum lagen sie blutüberströmt da, als auch schon Messer aufblitzten und die drei Skalpe genommen wurden. Kein Triumphschrei. Nur schneller, lautloser Rückzug.

Die Siegesfeier

Als am nächsten Morgen die Sonne aufging, schickte Bebon-Waushih seinen jungen Krieger Mishi-Waub-Kaikaik voraus, um die Siegesbotschaft zu überbringen und dem Stamm die Heimkehr der Krieger anzukündigen, damit alle Vorbereitungen für den Siegestanz getroffen werden konnten. Mishi-Waub-Kaikaik war als einer der ersten auf den Feind losgesprungen, und er lief in freudiger Erregung voraus: gewiß stand es ihm jetzt zu, nicht mehr als Junge bezeichnet zu werden. Auch die anderen Krieger zogen rasch weiter, durch die Bizhikeeibuk-Medizin gekräftigt.

Als sie sich dem heimatlichen Lager näherten, brachen sie in

Kriegsgeschrei aus, damit jeder wüßte, sie seien wieder da. Die Frauen des Dorfes, allen voraus Bebon-Waushihs Frau, liefen den Kriegern entgegen. Sie lachten und schwatzten dabei, und als sie die Männer erreichten, ergriff Bebon-Waushihs Frau den Reif, an dem die drei Skalpe hingen.

Im Dorf wurde der Skalpreif an der Spitze des Kriegsschreipfahls befestigt, den man nun dort aufstellte, wo der Kriegspfahl gestanden hatte. Männer und Frauen schwärmten aus, Holz zu sammeln und das Festmahl vorzubereiten, während die Kinder sich um die Krieger drängten, um alle Einzelheiten über den Kampf zu erfahren und ob die jungen Männer sich als würdig erwiesen hätten. Ja, das hatten sie. Sie besaßen jetzt das Recht, eine Feder zu tragen und sich zu den Männern und Kriegern zu zählen. Sie waren als Jünglinge ausgezogen und als Männer zurückgekehrt.

Am Abend, die Sonne verschwand gerade hinter den fernen Hügelkuppen, kamen die Medizinmänner und Medizinfrauen zum Kriegsschreipfahl. Sie stellten die hölzernen Bildnisse aller Totems des Stammes auf die Erde: Chejauk (Kranich), Noka (Bär), Myeengung (Wolf), Numaebin (Saugkarpfen), Migizi (Adler), Addikmeg (Weißfisch), Addik (Karibu), Peepeegizaence (Sperber) und Muzundumo (Kletternatter). Alle trugen ihre beste Kleidung und den feinsten Kopfputz, und sie nahmen in einem Kreis um die Holzfiguren Platz. Eine Trommel wurde geschlagen, und eine Stimme sang, während der Pfeifenträger die Friedenspfeife aus ihrer Hülle nahm und Bebon-Waushih gab, der bei den Ältesten saß. Mit einem Stück Kohle wurde die Pfeife angezündet.

Reihum rauchten die Alten die Pfeife und bliesen Rauchwölkchen auf die Totems. Die Krieger hatten dem Dorf den Frieden wiedergebracht, und der Rauch, der über die Totems geblasen wurde, galt als ein Zeichen des Friedens, der nun in jede einzelne Familie einkehren würde.

Als die Pfeife wieder bei Bebon-Waushih ankam, hielt er ihren Kopf in der rechten und den Schaft in der linken Hand. Er schloß die Augen und begann zu singen. Dann wiegte er die Pfeife, zuerst sanft und langsam, dann immer schneller, bis die Bewegungen seiner Hände kaum noch zu erkennen waren im Puwaugunugauwin, dem Tanz der Friedenspfeife. Allmählich wurden die Bewegungen wieder langsamer, und er gab die Pfeife nach rechts weiter. Erneut ging sie von Hand zu Hand und vollführte jedesmal ihren Tanz. Alle großen Ereignisse wurden dadurch gefeiert, daß man die Friedenspfeife tanzen und an den Siegen teilnehmen ließ. Die Heilige Pfeife kam stets zuerst. Als sie wieder in Bebon-Waushihs Hände gelangte, reichte er sie dem Pfeifenträger, der sie an ihren Platz zurücklegte.

Bebon-Waushih sprach. »Meine Brüder! Meine Schwestern!« sagte er. »Heute feiern wir einen Sieg. Doch zuvor wollen wir die Krieger ehren.«

»Hau! Hau! Hau!« kam die vielstimmige Antwort.

»Wir wollen auch die jüngsten ehren, die neuen Männer unter uns. Sie gingen als Jungen mit uns; sie kehrten als Männer mit uns zurück. Sie haben nun das Recht, die Adlerfeder zu tragen und ihren Platz unter den Kriegern einzunehmen.« Mit Mishi-Waub-Kaikaik beginnend, überreichte er jedem der jungen Männer eine Feder, und die Umstehenden brachen in Beifallsrufe aus. Anschließend tanzten sie alle zu den Schlägen der Trommel.

Die Zeremonie der Eheschließung
Weedigaendiwin

Das Anishnabeg-Wort für die Beziehung zwischen Mann und Frau lautet »Weedjeewaugun«; wir können es frei mit Gefährte/Gefährtin übersetzen. Seine wörtliche Bedeutung ist jedoch »er, der mitgeht« oder auch »sie, die mitgeht«. Dieses Wort bringt zum Ausdruck, daß Mann und Frau in einer Ehe völlig gleichgestellte Partner sind. Ein Gefährte oder eine Gefährtin, das ist jemand, mit dem man durch alle Höhen und Tiefen des Lebens geht. Diese Verbindung zweier Weggefährten in einer Ehe war das stärkste Band, das die Anishnabeg kannten.

Die Wertschätzung einer Frau bemaß sich nicht nach ihrer körperlichen Schönheit, sondern was zählte, war ihre Geschicklichkeit beim Kochen und Nähen und ihr Charakter. Ein guter Gefährte war wiederum nur derjenige, der seine Familie jederzeit ausreichend mit Wild und Fisch versorgen konnte.

Die Werbung

Mishi-Waub-Kaikaiks Eltern hatten eine Frau für ihren Sohn ausgesucht, und die Eltern der jungen Frau hatte zugestimmt. Sie starb jedoch, und erst mit fünfundzwanzig Jahren dachte Mishi-Waub-Kaikaik selbst daran zu heiraten. Als er das gegenüber seiner Mutter erwähnte, erzählte sie ihm von dem Fleiß und dem freundlichen Wesen von Manitu-Meenaehnse (Geist-Beere), einem Mädchen, das in einem Nachbardorf lebte. Waubizeequae drängte ihn zu einem Verwandtenbesuch in diesem Dorf, damit er sich das Mädchen einmal selbst ansehen konnte.

Drei Tage war er unterwegs. Er wurde von seinen Verwandten aufgenommen und fand bald heraus, daß Manitu-Meenaehnse ein anziehendes Mädchen war, das von allen gelobt wurde. Schließlich ging er zur Hütte von Missaubae (Großes Wesen), Manitu-Meenaehnses Vater.

Als Mishi-Waub-Kaikaik eintrat, bedeutete Missaubae ihm mit einer Handbewegung, auf dem Gästeplatz im rückwärtigen Teil der Hütte Platz zu nehmen. »Es liegt etwas an«, sagte er und erhob den Blick.

»Ich möchte Manitu-Meenaehnse heiraten«, sagte Mishi-Waub-Kaikaik.

Missaubae band weiter die Riemen eines Schneeschuhs los, den er gerade reparierte. Er tat so, als hätte er nichts gehört, als sei seine Arbeit so wichtig, daß er auf nichts anderes eingehen könne. Aber diese Bedächtigkeit entsprach dem Brauch. Sie deutete weder auf Unverständnis noch auf mangelnde Achtung für den Gast hin. Die Anishnabeg ließen sich manchmal Tage, Wochen oder gar Monate Zeit, bis sie eine Frage so weit erwogen hatten, daß sie antworten konnten. Sie wußten nur zu gut, wie verhängnisvoll voreilige Entscheidungen sein können. Auch wenn eine Sache dringend war oder es um die Bedürfnisse anderer ging, war es besser, sich die erforderliche Zeit zu nehmen. Es gab viele praktische Gründe, sich Zeit zu nehmen, der wichtigste war jedoch die Ehrfurcht vor dem »Wort«. Um eine Entscheidung gebeten zu werden, hieß, daß man sein »Wort« geben mußte – und das durfte auf keinen Fall leichtfertig geschehen. Eine Antwort oder Entscheidung war endgültig, ein Gelöbnis unwiderruflich und bindend. Die Lauterkeit eines Menschen wurde daran gemessen, ob er sein Wort hielt. Von einem Unbekannten um die Hand seiner Tochter gebeten zu werden, war gewiß eine Situation, in der Missaubae keine sofortige Entscheidung treffen konnte.

»Ich glaube nicht, daß sie schon so weit ist«, sagte er schließlich bedächtig, während er weiter die Riemen losknüpfte. »Sie ist alt genug ... aber ich glaube nicht, daß sie dich glücklich machen würde. Du würdest uns die Schuld geben. Und das wäre nicht gut. Du solltest vielmehr glücklich mit ihr sein und sagen, daß wir sie gut erzogen haben.« Er schwieg eine Weile. »Es ist besser, sie bleibt noch bei uns, bis sie kochen und nähen gelernt hat und die Hütte sauberzuhalten. Eigentlich müßte sie diese Dinge inzwischen können ... wie die anderen Mädchen. Vielleicht solltest du dich lieber um eines der anderen Mädchen bemühen.«

»Ich möchte Manitu-Meenaehnse heiraten«, wiederholte Mishi-Waub-Kaikaik.

»Vielleicht solltest du dich nach einer anderen umsehen. Nur Manitu-Meenaehnses Mutter habe ich es zu verdanken, daß ich nicht in zerrissenen Kleidern und Schuhen herumlaufen und selber kochen muß.«

Das stimmte natürlich nicht. Er stellte den Fremden aus einem anderen Dorf nur auf die Probe. Er wollte herausfinden, ob Mishi-Waub-Kaikaik abzuschrecken war.

»Ich habe aber gehört«, entgegnete Mishi-Waub-Kaikaik, »daß sie sehr geschickt ist.«

»Ich weiß nicht, was du gehört hast«, sagte Missaubae. »Man kommt jedenfalls schwer mit ihr aus ... wie ein Dachs ist sie. Wenn sich das nicht bessert, wird sie eines Tages womöglich noch jemandem wehtun.«

»Ich höre, daß sie von fröhlichem Wesen ist«, hielt Mishi-Waub-Kaikaik dagegen.

Doch Missaubae ließ sich zu keiner Entscheidung bewegen.

Am nächsten Tag ging Mishi-Waub-Kaikaik mit einem Hirsch, den er erlegt hatte, zu Missaubaes Hütte und legte das Tier vor die Tür. Er sagte kein Wort dazu. Der Hirsch war ein Geschenk, Beweis seines Könnens. Einige Tage später brachte er einen weiteren Hirsch. Und diesmal sprach er wieder mit Missaubae.

»Ich möchte Manitu-Meenaehnse immer noch heiraten«, sagte er.

»Wenn du im nächsten Sommer auch noch so empfindest«, erwiderte Missaubae, »kannst du wiederkommen.«

»Ja«, sagte Mishi-Waub-Kaikaik. »Ich werde wiederkommen.«

Missaubae und seine Frau Neezhigeezhigoquae (Zwei-Himmel-Frau) befragten ihre Tochter und fanden heraus, daß auch sie ein Auge auf den Jäger aus einem anderen Dorf geworfen hatte. Doch war es vielleicht gar nicht gut, wenn sie den jungen Männern des Dorfes einen Fremdling vorzog. Das könnte zu Ärgernissen führen. Man hatte schon gehört, daß junge Frauen von zurückgewiesenen Freiern gepeitscht wurden oder daß diese zu Zauberern gingen und böse Geister beschwören ließen. Es war nicht anzunehmen, daß Manitu-Meenaehnse irgend jemandem Anlaß zu Verärgerung gegeben hatte, denn sie war wohlerzogen. Dennoch konnte es nicht schaden, wenn Neezhigeezhigoquae ihrer Tochter einen Rat gab.

»Irgendwann«, sagte sie, »wirst du auch einmal Töchter haben. Du mußt auf sie achtgeben, wie ich auf dich achtgebe. Und du mußt deinen Töchtern erzählen, was ich dir erzählen werde. Vergiß nicht, es gibt auch in unserem Dorf junge Männer.« Und sie erzählte ihrer Tochter eine Geschichte.

Einst lebte ein Mädchen namens Wauh-Oonae (Ziegenmelker). Sie wurde von ihrer Stiefmutter erzogen, aber die brachte ihr nichts bei, und so glaubten die Leute des Dorfes, sie sei faul. Erst als die Stiefmutter starb, merkte Wauh-Oonae, daß sie sich nicht selbst versorgen konnte. Alle ihre Freundinnen waren inzwischen schon verheiratet. Sie war einsam, und sie war arm.

Von der Befürchtung getrieben, sie werde sich niemals selbst versorgen können, ging sie zu einer alten Frau und lernte bei ihr, wie man Umhänge, Beinschutz, Kleider, Mokassins und Handschutz näht. Nach einer Weile war sie darin geschickter als jede andere Frau. Bald kamen sogar Leute aus fernen Dörfern, um von ihr angefertigte Kleidungsstücke zu erwerben.

Anfangs nahm Wauh-Oonae alles an, was ihr als Gegenleistung für ihre Arbeit geboten wurde. Dann aber verlangte sie immer mehr Fleisch und Felle für ihre Umhänge und Kleider. Immer mehr und mehr wollte sie. Junge Männer, die sie heiraten wollten, kamen zu ihrer Hütte, aber keiner war ihr gut genug.

Dann geschah etwas mit ihren Händen. Sie wurden steif, und Wauh-Oonae konnte nicht mehr nähen. Manche sagten, einer ihrer Freier sei zu einem Zauberer gegangen, und der habe ihre Fingergelenke steif werden lassen. Andere sagten, durch ihre Habgier habe sie ihre Begabung mißbraucht. Sie hätte diese vom Großen Geist verliehene Gabe mit anderen teilen müssen.

Die Steifheit breitete sich bald von den Händen über den ganzen Körper aus, und die Medizinmänner und Medizinfrauen wußten keinen Rat gegen dieses Übel. Eine alte Frau im Dorf sagte aber, sie habe von einer Quelle mit lebensspendendem Wasser gehört. Die lag jedoch fern im Westen, und niemand wußte genau, wo.

Einer der jungen Männer, die Wauh-Oonae abgewiesen hatte, erbot sich, das Lebenswasser zu holen. Während er unterwegs war, verschlimmerte sich Wauh-Oonaes Zustand zusehends, und schließlich schien sie dem Tode nahe. Dann endlich kam der junge Mann mit einem Eimer voll Lebenswasser. Das Wasser, so hieß es, schenke nicht nur Leben, sondern auch Großzügigkeit, und nachdem Wauh-Oonae getrunken hatte, wurde sie geheilt und heiratete den jungen Mann.

Einander annehmen

Manitu-Meenaehnse hörte sich die Geschichte ihrer Mutter an, aber Mishi-Waub-Kaikaik war ihr trotzdem lieber als die jungen Männer ihres eigenen Dorfes. Als sie davon schwärmte, wie groß und schlank er sei, mahnte Neezhigeezhigoquae: »Beurteile eine Kiefer nie nach ihrem Wuchs.« Dazu erzählte sie eine weitere Geschichte.

In der alten Zeit war es Brauch, während der Maisernte ein Mädchen mit einem alten Junggesellen zu verheiraten. Das Mädchen, das zwischen der Spreu ein verkümmertes rotes Korn fand, sollte die Braut sein. So war die Maisernte immer eine aufregende Sache. Natürlich wollte keine Frau das rote Korn finden. Einmal war es Bigaunaehnsequae (Kleine Samen-Frau), die das rote Maiskorn fand. Alle anderen jungen Frauen lachten erleichtert und auch aus Schadenfreude, denn Bigaunaehnsequae mußte nun einen mißgestalteten alten Mann heiraten. Im Herbst brach der Stamm das Sommerlager ab, um das Winterquartier aufzusuchen. Unterwegs mußte Bigaunaehnsequae sich um ihren Mann kümmern, der lahmte und am Stock ging. Ihre Schwestern rieten ihr, ihn einfach zurückzulassen, doch sie wich nicht von seiner Seite. Schließlich kam der Tag, da der alte Mann sich nicht mehr erheben konnte, und der Rest der Familie zog weiter. Er schloß die Augen, als sei er tot, und Bigaunaehnsequae beweinte ihn die ganze Nacht. Am Morgen war ihr mißgestalteter Mann nicht mehr da. Dafür stand jetzt ein junger Mann vor ihr, gut gewachsaen und stark. Er sei der alte Mann, sagte er. Ein Zauberer habe ihn alt und krumm werden lassen.

Gemeinsam eilten sie, die Familie und den Stamm wieder einzuholen, doch unterwegs wurde nun Bigaunaehnsequae vom Fluch des Zauberers ereilt. Als sie die Familie erreichten, war sie bereits alt und blind. Inständig bat sie ihren Mann, er möge sie zurücklassen, da sie jetzt für ihn und die ganze Familie nur noch eine Last sei. Aber er wollte an ihrer Seite bleiben, wie sie auch bei ihm geblieben war. Sie war seine Gefährtin, und er würde sie nicht verlassen.

Bigaunaehnsequae wurde zusehends schwächer, und den Rest des Weges mußte der junge Mann sie tragen. Er hatte ihre Bleibe für den Winter kaum errichtet, als Bigaunaehnsequae die Augen schloß und starb. In tiefer Trauer starb auch ihr Mann, und gemeinsam gingen sie den Seelenpfad, bis sie das Land der Seelen erreichten.

Besonnenheit

Mishi-Waub-Kaikaik war inzwischen heimgekehrt und erzählte seinen Eltern, wie sehr Manitu-Meenaehnse ihm gefiel. Waubizeequae freute sich, aber um ihrem Sohn deutlich zu machen, daß Charakter und Fleiß einer Frau wichtiger seien als gutes Aussehen, erzählten sie ihm eine Geschichte.

Einst lebte ein junger Mann, der auf Brautschau war. Er verließ das heimatliche Dorf, weil ihm dort keine der jungen Frauen gefiel, und zog immer weiter und weiter, bis er schließlich bei einem fernen Stamm ein gelbhaariges Mädchen von großer Schönheit fand. Er heiratete sie – merkte aber bald, daß es nur dann etwas zu essen und anzuziehen gab, wenn er sich selbst um alles kümmerte. Und es dauerte auch gar nicht lange, bis seine Frau sich zu verändern begann. Ihr Haar, so gelb wie Mais, verblaßte, wurde weiß und fiel aus. Ihr einst so geschmeidiger Körper wurde so dürr, daß die Kleider nirgends mehr Halt zu finden schienen. Gar nicht mehr schön und zudem unfähig, sich um die einfachsten Dinge zu kümmern, wurde sie ihrem Mann zur Last. Heimlich packte er seine Sachen und stahl sich in der Nacht davon. Er hatte Löwenzahn geheiratet.

Die Entscheidung

Mishi-Waub-Kaikaik war entschlossen, zu Manitu-Meenaehnse zurückzukehren. Ganz für sich allein sang er seine Liebeslieder:

> *Kauween baekaunizid*
> *Keen aetah k'bishiigaenimin.*
> Mein Herz gehört niemandem sonst
> Mein Herz gehört nur dir.

> *Kego kishkaendigaen*
> *Kego muwihkaen*
> *K'gah abi naunin*
> Sei nicht traurig
> Weine nicht
> Ich werde kommen, dich zu holen.

Paumauh abi-izhauminaun,
N'gah bizaum-odae/ae,
N'gah bon-inaendum.
Erst wenn ich zu dir komme,
Wird das Herz mir leichter sein,
Wird mein Geist Frieden finden.

Im Spätsommer kam Mishi-Waub-Kaikaik mit einer Gruppe von Kriegern durch das Dorf, in dem Manitu-Meenaehnse lebte. Er ging nicht zur Hütte der Familie, doch Manitu-Meenaehnse sah ihn von weitem, und wenn sie allein war, sang nun auch sie ein Liebeslied:

Tibishko peedauniquok w'gee abi-izhauh
Tibishko waebauniquok, aubidji-maudjauh.
Wie eine Wolke ist er gekommen und gegangen
Wie eine Wolke, die für immer fortzieht.

N'kishkaendum w'gauh, abi-ako-izhaut,
N'kishkaendum w'gauh, ako-maudjaut.
Traurig bin ich, seit er kam,
Traurig bin ich, seit er ging.

N'gee mukowik?
N'gah abi naunik nah?
Hat er meine Liebe gefunden?
Wird er wiederkommen um dieser Liebe Willen?

W'naugozih tibishko anung
W'waussuh waendaugozih tibishko anung.
Wie ein Stern, den ich schaue,
Wie ein Stern, den ich nicht ergreifen kann, Geliebter.

Im nächsten Sommer kehrte Mishi-Waub-Kaikaik wie versprochen in Manitu-Meenaehnses Dorf zurück. Inzwischen wußte

Missaubae einiges über den jungen Mann, der seine Tochter haben wollte, denn er selbst war in Mishi-Waub-Kaikaiks Dorf gewesen. Dennoch mußte er ihn noch weiter auf die Probe stellen. Um sich als würdig zu erweisen, versorgte Mishi-Waub-Kaikaik die Familie einen Monat lang mit Wild.

Schließlich fragte Missaubae seine Tochter, ob sie Mishi-Waub-Kaikaik heiraten wolle. Sie sagte ja, und der Zeitpunkt der Eheschließung wurde festgesetzt. An diesem Tag waren nur Manitu-Meenaehnse, ihre Eltern und Großeltern und der engere Familienkreis in der Hütte. Als man sich um das Feuer setzte, erhielt Mishi-Waub-Kaikaik den Platz neben der jungen Frau, die er nun heiraten würde. Anschließend sollte es ein Festmahl und Spiele geben, und darauf warteten draußen bereits die Leute des Dorfes.

Drinnen aber vollzogen die Großeltern die Zeremonie.

Die Bedeutung der Treue

»Vergeßt nie, einander stets zu helfen«, sagte Manitu-Meenaehnses Großmutter, »so wie Omeemee ihrem Gefährten beistand.« Dann erzählte sie diese Geschichte:

Waub-Addik (Weißes Karibu) war viele Jahre umhergezogen, bevor er von einem Stamm am Rande des Großen Anishnabeg-Meeres aufgenommen wurde. Er baute sich eine Hütte am Rande des Dorfes, wo er allein lebte und sich selbst versorgte. Eines abends kam er spät von der Jagd heim und fand eine zubereitete Mahlzeit vor; die Hütte war gesäubert, und die Pfeife lag bereit. Wer hatte gekocht? Wer hatte aufgeräumt? Solche Fragen stellte er sich verwundert. An den nächsten beiden Abenden geschah das gleiche. Am vierten Abend starrte Waub-Addik das zubereitete Mahl nur ratlos an. War hier Zauberei im Spiel? Dann trat eine junge Frau ein. »Was schaust du so betrübt?« fragte sie und setzte sich. Sie sprachen lange miteinander. Waub-

Addik erfuhr, daß sie Omeemee (Taube) hieß und bei ihren Eltern am anderen Ende des Dorfes wohnte. Gegen Mitternacht verließ sie ihn.

Als Omeemee am nächsten Abend wiederkam, bat Waub-Addik sie, ihn zu heiraten. Omeemee war dazu bereit und lud ihn ein, ihre Eltern kennenzulernen; sie warnte ihn aber, daß sie böse seien, trotz ihres freundlichen Lächelns. Wenn Waub-Addik jedoch stets an sie denken und alles tun würde, was sie sagte, könne ihm nichts geschehen. Sie versicherte ihm, sie besäße größere Macht als ihre Eltern, und solange er ihr vertraute, sei er in Sicherheit. Bevor er zur Hütte ihrer Eltern aufbrach, schärfte sie ihm noch ein, auf keinen Fall zuzugeben, daß er ihr jemals begegnet sei.

Als Waub-Addik die Hütte der Eltern erreichte, wurde er von Omeemees Vater willkommen geheißen. »Wir wußten, daß du kommen würdest«, sagte der alte Mann. »Und wir wissen, weshalb du gekommen bist. Du mußt meiner Tochter Omeemee begegnet sein.«

»Ich bin niemandem begegnet«, erwiderte Waub-Addik in Erinnerung an Omeemees Worte.

»Das finde ich aber wirklich seltsam«, äußerte der Alte. »Wie seltsam, daß du meine Tochter heiraten willst, ohne sie zu kennen. Du kannst sie haben – falls du tun kannst, was wir von dir verlangen. Wir müssen sichergehen, daß du sie auch versorgen kannst.« Waub-Addik willigte ein.

Am nächsten Morgen ging der Alte mit Waub-Addik tief in den Wald. Mit dem Arm in die Runde weisend, trug er Waub-Addik auf, soviel Birkenrinde zu schälen, daß man davon zwanzig Hütten und zwanzig Kanus bauen konnte. Bis zum Abend mußte die Arbeit bewältigt sein. Bevor Omeemees Vater wieder ging, gab er Waub-Addik noch eine kleine Feder und sagte, dies sei das Werkzeug, mit dem er die Rinde schälen müsse. Dann war Waub-Addik allein, aber da diese Aufgabe offensichtlich nicht zu erfüllen war, versuchte er es nicht einmal. Er saß nur da, vergrub das Gesicht in seinen Armen und weinte.

Doch nun hörte er eine sanfte, gütige Frauenstimme. »Bat ich dich nicht, an mich zu denken? Habe ich dir nicht versichert, daß ich dir helfen würde?« Omeemee trat zwischen den Bäumen hervor. »Hast du mich so schnell vergessen?« fragte sie. »Oder glaubst du, ich sei zu schwach? Zu vielen Dingen im Leben gehören zwei, vergiß das nie.« Und sie barg seinen Kopf im Schoß und streichelte seine Stirn, bis er einschlief. Als er erwachte, war Omeemee fort – und dafür sah er jetzt überall große Bündel von Birkenrinde. Alle Bäume waren geschält.

Am Abend kehrte der alte Mann zurück. Als er die vielen Birkenrindenbündel sah, runzelte er die Stirn. »Ich glaube nicht, daß du das getan hast«, sagte er. «Irgend jemand muß dir geholfen haben. Aber du hast noch eine zweite Aufgabe. Morgen möchte ich, daß du einen kleinen Teich trockenlegst.«

Doch der Teich war gar nicht klein. Ein Bach floß hinein und ein anderer verließ ihn gegenüber. Der Alte gab ihm einen hölzernen Schöpflöffel. Damit sollte Waub-Addik den Teich bis zum Abend ausschöpfen.

Nichts konnte aussichtsloser sein als dieses Unterfangen. Zum zweiten Mal brach Waub-Addik in Tränen aus, und wieder tröstete ihn Omeemees sanfte Stimme. »Törichter Mann. Hast du mich schon wieder vergessen? Ja, für einen Menschen allein ist dies unmöglich, aber hast du denn vergessen, daß zu vielen Dingen zwei gehören? Weißt du nicht, daß wir einander helfen müssen? Gab ich dir nicht mein Versprechen?«

Am Teich sitzend, wusch sie Waub-Addik das Haar und sang:

> *K'weedjeewin*
> *Tibishko mong punae cheega/eehn.*
> Ich bin an deiner Seite
> Wie ein Seetaucher, stets in der Nähe.

Waub-Addik schlief. Als er später erwachte, war der Teich völlig trockengelegt. Der Bach, der sich in den Teich ergossen hatte, staute sich nun vor einem Biberdamm.

»Irgend jemand muß dir geholfen haben«, sagte Omeemees Vater, als er in der Abenddämmerung kam. »Du kannst den Teich unmöglich selbst ausgeschöpft haben. Hat meine Tochter das getan?«

»Ich habe sie nicht gesehen«, erwiderte Waub-Addik.

»Nun denn«, sagte der Alte. »Jetzt habe ich nur noch eine Forderung an dich zu stellen. Wenn du mir bis morgen abend genügend Fische für den ganzen Winter fängst, kannst du Omeemee haben. Ich werde dann nichts weiter von dir verlangen.«

Damit gab er Waub-Addik eine Ahle. »Die mußt du dazu benutzen«, sagte er. »Ich verwende nie einen anderen Speer.«

Angesichts dieser übermenschlichen Aufgabe wurde Waub-Addik am nächsten Morgen abermals von Verzweiflung und seinen Tränen überwältigt. Wieder kam Omeemee und spendete ihm tröstenden Schlaf. Und als er am Nachmittag erwachte, staunte er über die Massen von Forellen und Weißfischen, die bereits über Trockengestellen hingen. Auch der Alte staunte, sagte aber, nun sei er zufrieden. Am Abend fand die Hochzeit von Waub-Addik und Omeemee statt.

In der Nacht flüsterte Omeemee Waub-Addik zu, ihre Mutter sei noch gefährlicher als ihr Vater, und es wäre besser, wenn sie fortgingen. Leise schlüpften sie aus der Hütte und in die Nacht hinaus. »Sobald sie merken, daß wir fort sind, wird mein Vater uns verfolgen«, sagte Omeemee. »Schau dich ab und zu um. Wenn du einen eisigen Wind hörst und spürst und einen dunklen Schatten siehst, dann weißt du, daß er kommt. Laß es mich wissen, damit wir uns rechtzeitig verbergen können.«

Als Omeemees Mutter erwachte, entdeckte sie, daß ihre Tochter und ihr Schwiegersohn fort waren. Sie gab ihrem Mann die Schuld am Verlust der Tochter und schickte ihn los, das Mädchen zurückzuholen und Waub-Addik zu töten. Der Alte machte sich auf, und bald schon war er den beiden dicht auf den Fersen. An dem eisigen Wind und dem dunklen Schatten erkannte Waub-Addik, daß es soweit war. Er sagte es Omeemee, und sie verwandelte ihren Mann und sich selbst in zwei Kiefern.

Der alte Mann kehrte heim, ohne sie gesehen zu haben, doch seine Frau war über den Mißerfolg so wütend, daß sie ihn nicht in die Hütte lassen wollte. Zornbebend schickte sie ihren Mann noch einmal aus, die Tochter zu suchen. Und obgleich Omeemee und Waub-Addik inzwischen schon weit fort waren, holte der Alte sie abermals ein. Diesmal konnten sie sich gerade noch in Rebhühner verwandeln und dadurch unerkannt bleiben.

Jetzt zog die alte Frau selber los, um den beiden nachzustellen. Omeemee hatte Waub-Addik bereits davor gewarnt, daß dies geschehen würde, und um der Mutter zu entkommen, wurden die beiden nun zu einem Seetaucher-Paar und schwammen mitten auf einem See. Doch die alte Frau konnten sie damit nicht täuschen. Sie erkannte die beiden vom Ufer aus und drohte ihnen lautstark. Da flogen die beiden Vögel auf, entzogen sich dem Einfluß ihrer Macht und fanden endlich die Freiheit.

Wie Omeemee schon in ihrem Lied gesungen hatte, ist das bedingungslose Miteinander der Seetaucher das beste Bild für die Einheit von Mann und Frau.

Verständnis und Güte

»Vergeßt nie, gütig zueinander zu sein«, fuhr die Großmutter fort. »Und wenn Kinder kommen, so seid auch zu denen gütig, und sie werden gütig zu euch sein, wenn ihr alt werdet. Sie sind von eurem Stamm.« Und auch dazu erzählte sie eine Geschichte:

Ein Mann und eine Frau waren sehr hart zu ihrem jüngsten Sohn. Der Mann schlug ihn häufig, und der Mutter konnte er nichts recht machen. Schließlich ertrug der Junge die Mißhandlungen nicht mehr und lief fort. Bald hatte er sich hoffnungslos im Wald verlaufen und fühlte sich so verloren und verlassen, daß er nur noch weinen konnte.

»Warum weint du?« fragte ein Bär, der den Jungen zwischen den Bäumen entdeckt hatte.

Der Junge war starr vor Entsetzen unde glaubte, der Bär werde ihn nun töten. Aber als der Bär in seiner Nähe blieb, um allen Schaden von ihm abzuwenden, wurde aus der Furcht bald Freundschaft. Er faßte Vertrauen zu dem Bären, der ihm zu essen brachte und ihn nachts warmhielt, und nach einer Weile nannte er ihn Großvater, und der Bär nannte ihn Enkel. Mit der Zeit vergaß der Junge seine Eltern und Geschwister.

Den ganzen Sommer über brachte der Bär dem Jungen alles bei, was er über das Leben im Wald wissen mußte, was er essen konnte und was nicht. Stets hielten sie sich von den Dörfern und den umherstreifenden Jägern fern. Einmal stahlen sie etwas Fisch und Honig aus einem Vorratsversteck, aber sie zogen sich erst tief in den Wald zurück, bevor sie sich setzten und davon aßen. Im Herbst war der Bär von den vielen Beeren und Fischen, die er gefressen hatte, ordentlich fett geworden. Er wußte, daß es nun Zeit zum Schlafen und Ausruhen war, und er suchte einen Unterschlupf, wo sie beide den ganzen Winter verschliefen. Nicht ein einziges Mal in der ganzen Zeit ihres Umherstreifens war er böse mit dem Jungen gewesen.

Daheim im Dorf weinte die Mutter, und der Vater suchte Tag und Nacht den verschwundenen Sohn. Schließlich waren sie überzeugt, daß der Junge tot sei, und schwärzten ihre Gesichter in Trauer. Eine alte Medizinfrau fragte den Mann und seine Frau, weshalb sie sich in solchen Trauerbekundungen ergingen, wo sie ihrem Sohn doch so wenig Liebe gezeigt und mit ihrer Härte sogar selbst vertrieben hatten. Sie sagte, sie sollten sich lieber für den kleinen Jungen freuen, der an seinem jetzigen Ort glücklich und gut aufgehoben sei. Das vertiefte den Kummer der Eltern nur noch mehr – aber es war zu spät.

Im Frühling kamen der Bär und der Junge wieder aus ihrer Höhle hervor. Anfangs fanden sie kaum genügend zu essen. Auch die Menschen, so bemerkte der Bär eines Tages, litten jetzt Hunger, und hätte er sich nicht um den kleinen Jungen zu kümmern, so würde er sich ihnen aufopfern. Aber das verstand der Junge nicht. Als die ersten Beeren reiften und die Tage wärmer wurden, gab es mehr zu essen. Nun hätten eigentlich wieder sorglose Zeiten anbrechen können, aber irgend etwas schien den Bären zu bedrücken. Nach dem Essen saß er oft einfach da und starrte in die Bäume, als sähe er dort etwas.

Eines Morgens, gegen Ende des Sommers, sagte er dem Jungen, er müsse jetzt zu seinen Eltern heimgehen. »Seit du fort bist, hat deine Mutter nicht mehr gelächelt, hat dein Vater keinen Tag erlebt, an dem er nicht unglücklich war. Sie werden dich nie wieder schlecht behandeln. Sie brauchen dich. Du gehörst zu ihnen. Komm, Enkel! Ich werde dich heimbringen.«

Unterwegs weinte der Junge die ganze Zeit, weil all die schrecklichen Erinnerungen an die Vergangenheit nun wieder in ihm wach wurden und weil er seinen Großvater nun verlieren sollte. Der Bär führte ihn bis ans Ufer eines Sees: »Enkel«, sagte er, »wenn deine Leute je bedürftig sind, so rufe mich!« Und damit verschwand er im Wald.

Bald fanden einige Jäger den Jungen und brachten ihn zurück ins Dorf und zu seinen Eltern. Mit einem großen Fest wurde seine Heimkehr gefeiert, und alle betrachteten ihn voller Ehrfurcht, da er einen Winter im Wald überlebt hatte. Fortan erfuhr er von seinen Eltern nur noch fürsorgliche Liebe.

Im Herbst dieses Jahres ging der Junge mit seinem Vater auf die Jagd. Als sie ihr Kanu über den See steuerten, an dessen anderem Ufer die Jagdgründe lagen, sahen sie fünf Bären im Wasser. »Großvater, ernähre uns!« rief der Junge. Und mit dem Fleisch der Bären war die Familie den ganzen Winter über versorgt.

Als Manitu-Meenaehnses Großmutter ihre Erzählungen beendet hatte, nähte sie die Säume der Kleider von Mishi-Waub-Kaikaik und Manitu-Meenaehnse zum Bund der Ehe zusammen. Sie sprach die rituellen Worte:

Taubishko boodawaun.
Ihr werdet am selben Feuer sitzen.
Taubishko gawiwiniwaun dauh goodaenoon.
Ihr werdet eure Kleider nebeneinander aufhängen.
K'gah auskodaudim.
Ihr werdet einander helfen.
Taubishko k'gah nauguhdoom meekunnuh.
Ihr werdet denselben Pfad gehen.
K'gah naunaugata-waendim.
Ihr werdet füreinander sorgen.
Mino-dodaudik.
Seid gut zueinander.
Mino-dodowik k'needjaunissiwauk.
Seid gut zu euren Kindern.

Dann folgte das Festmahl und anschließend die Spiele.

Die Medizingesellschaft
Midewewin

Der Ausdruck *Midewewin* könnte »Gesellschaft der Gutherzigen« bedeuten (von *mino,* »gut«, und *dewewin,* »beherzt«). Da bei den Zeremonien Trommeln und Gesänge eine große Rolle spielen, könnte Midewewin auch von dem Wort *Midewe* oder »Klang« abgeleitet sein. Unter den Ojibwa-Gesellschaften war die Midewewin eine der ältesten.

Nach einer langen Lehrzeit bei Paemaubit, einem betagten Mitglied der Midewewin, wurde Mishi-Waub-Kaikaik ein Medizinmann – wie seine Vision geweissagt hatte. Später lud man auch ihn ein, Mitglied der Midewewin zu werden. Als er schließlich als vollwertiges Mitglied in den vierten Rang der Gesellschaft aufgenommen wurde, war er mit den mythischen Ursprüngen, den Zeremonien und Gesängen vollkommen vertraut. Grundsätzlich war der Ablauf der Zeremonie stets derselbe, aber die Anrufungen und Gesänge konnten von Fall zu Fall variieren.

Schließlich wurde Mishi-Waub-Kaikaik selbst ein Lehrer und gab sein Wissen um die Midewewin an andere weiter, die in den Bund aufgenommen werden sollten.

Der Ursprung des Rituals

Am Anfang lebten die Menschen bis zu zwei- oder dreihundert Jahre lang, und diese Fähigkeit, die Zeiten wie ein Baum zu überdauern, wurde der Wirkung machtvoller Medizinen zugeschrieben. Dann aber ging diese Gabe der Gesundheit und des langen Lebens auf unerklärliche Weise verloren. Eine Seuche breitete sich aus, die die Menschen nach kurzer Krankheit dahinraffte.

Es schien nur eine Frage der Zeit zu sein, bis die Anishnabeg vom Erdboden verschwunden sein würden.

Eines der Opfer dieser unbekannten Seuche war ein kleiner Junge. Von Kummer geschüttelt stand er vor dem Hüter des Eingangs zum Land der Seelen. Als er gefragt wurde, was ihn so traurig mache, sagte er, daß seine Leute starben und er ihnen das Leben wünschte.

Kitche Manitu gewährte ihm diese Bitte und teilt es ihm durch den Hüter mit. Er offenbarte ihm auch, daß die Bedingung für den Eintritt ins Land der Seelen lautete: Frieden des Herzens. Die Anishnabeg sollten die Midewewin gründen, damit sie durch das Streben nach dem Guten inneren Frieden fänden und Rituale für die Gabe der Gesundheit ausführen könnten. Da den Pflanzen das Wesen des Lebens, des Wachstums und der Selbstheilung innewohnte, sollten die Anishnabeg die Musko-Cheebig (Blutwurz) in den Tiefen des Meeres suchen und ans Land bringen. Dann würde Nanabush, der Botschafter Kitche Manitus, ihnen die Rituale zeigen.

Die Herkunft der Medizin

Am Anfang waren Männer und Frauen glücklich. Von allem Guten umgeben, trachteten sie nicht danach, einander zu schaden. Eines Tages aber wollte ein Mann seine Macht erproben. Er forderte Makataeshigun (Schwarzbarsch), den Geist der Unterwelt, der Nacht und der bösen Träume, zu einem Wettkampf heraus – und bestimmte seine ganze Familie zum Wetteinsatz. Da es bei diesem Wettkampf also um alles gehen würde, was er besaß, bauten er und seine Familie nach überliefertem Brauch eine Hütte. Um seine Kräfte zu beschwören, befestigte er nahe der Spitze des Mittelpfostens seiner Hütte das Bild des Sperbers, des schnellsten aller Vögel, die ihre Beute im Flug schlagen. Um das untere Ende des Pfostens legte er Wampum, Federn, Häute, Medizinbeutel und Rasseln. Neben diese Opfergaben stellte er eine Trommel. Und zuletzt stellte er vor der Hütte in nördlicher Richtung einen großen Stein auf.

Nach diesen Vorbereitungen war er zum Wettkampf bereit. Er trommelte und sang, um den Sperber herbeizurufen. Er bat ihn, der kleinen Perle, die er auf das Fell der Trommel gelegt hatte, seine Kräfte des Fluges und des unfehlbaren Zuschlagens zu übertragen. Der Sperber stieß einen gellenden Schrei aus; die Perle tanzte. Dann schickte der Mann die Perle durch seinen Willen auf ihren tödlichen Flug, und wie er es wünschte, tötete sie Makataeshiguns ältesten Sohn. Mit diesem ersten willentlich zugefügten Bösen kam etwas gänzlich Neues ins Leben der Menschen: die Fähigkeit, einander zu schaden und zu verletzen. Dem Mann war diese Probe seiner Macht noch nicht genug. Er legte eine Feder auf seine Trommel und sang und trommelte abermals. Der Sperber stieß seinen Schrei aus, und die Feder flog. Sie traf Makataeshiguns älteste Tochter und tötete sie augenblicklich. Nun nahm der Mann sein Bärenklauenhalsband ab und legte es auf die Trommel. Zuerst trommelte er leise und sanft, dann lauter und stärker, bis der Sperber schrie und das Halsband tanzte. Es flog in die Unterwelt und legte sich um den Hals von Makataeshiguns Frau. Es zog sich zu und erwürgte sie. Nun fühlte sich der Mann stark genug, Makataeshigun selbst anzugreifen. Er schickte seine Wampum-Perlen, den Gegner zu vernichten, und gedachte seinen Triumph damit zu vollenden – doch als die Perlen in Makataeshiguns Magen gelangten, spie er sie wieder aus. Noch dreimal schickte der Mann die Perlen aus, aber der Geist der Unterwelt wehrte sie jedesmal ab. Schließlich rief Makataeshigun: »Genug! Jetzt bin ich an der Reihe!«

Makataeshigun baute eine Hütte. Um den Mittelpfosten der Hütte legte er Wampum-Perlen, Muschelschalen, Lederbeutel, Fischhäute und Medizinen. Dann begann er mit seiner Zeremonie.

Makataeshigun sang. Er bat die Wesen, welche die Winde regieren, ihn zu tragen, wohin er wollte. Und er wurde von den Hütern der Winde, seinen Schutzgeistern, in die Oberwelt getragen. Dort ergriff er den ältesten Sohn des Mannes und schleppte ihn in die Unterwelt. Nachdem er ihn erschlagen hatte, machte er Medizinbeutel aus seiner Haut.

Wieder wurde er von den Windkräften in die Oberwelt getragen. Diesmal holte er sich die älteste Tochter des Mannes, und aus ihrer Haut machte er acht Medizinbeutel.

Bei seinem dritten Ritual beschwor Makataeshigun die Hüter der Winde, die vier Kiesel auf seiner Trommel in die Oberwelt zu tragen und gegen die Frau des Mannes zu schleudern. Schon der erste Stein traf die Frau tödlich.

Inzwischen waren die Leute all des Tötens, des Mißbrauchs der Medizin und des Hasses, den dieser Wettkampf erzeugte, längst überdrüssig. Sie schickten eine Gesandtschaft von sechs Sprechern mit Tabak- und Wampum-Opfern zu Makataeshigun. Diese baten den Geist der Unterwelt, dem Töten Einhalt zu gebieten und die Menschen statt dessen über Medizinen zu belehren. Während Makataeshigun ihnen zuhörte, begann er Mitleid mit den Menschen zu empfinden. Er ließ sich erweichen. Aber er gab den Sprechern auch zu bedenken, daß einer der ihren den Wettkampf begonnen hätte. Die Menschen selbst hätten Tod und Haß in die Welt gebracht. Er könne sie zwar Lieder und Medizinen lehren, aber das Glück, das die Menschen einst besessen hätten, könne er ihnen nicht zurückgeben.

Er gab ihnen jedoch sein Wort, daß er die Menschen das Ritual gegen Krankheit und Tod lehren würde. Er würde sie die Lieder und Medizinen lehren. Doch als Gegenleistung für seine Nachsicht und sein Wissen müßten die Anishnabeg bei all ihren Zeremonien seinen Namen anrufen. Da der Geist der Unterwelt nicht selbst als Lehrer auftreten konnte, trug er den sechs Sprechern auf, diese Aufgabe für ihn zu übernehmen. Von nun an sollten die sechs Botschafter ihre Schwestern und Brüder unterweisen, und sie durften nie wieder zu ihren Familien zurückkehren. Sie durften die Orte nicht mehr verlassen, an die Makataeshigun sie schickte, und sie durften nur Leben spenden, wenn die Anishnabeg sie zuvor darum baten und die Zeremonie ausführten. Doch bevor Makataeshigun die Botschafter nun in die vier Ecken der Welt schickte, versicherte er ihnen, von den Donnervögeln beschützt und von der Redlichkeit der Menschen getragen, werde die Medizin ihre Kraft behalten. Nicht einmal Fremde könnten sie zerstören. Und Makataeshigun versprach noch etwas: Irgendwann einmal, sagte er, werde er selbst in der Gestalt einer Medizin zu den Anishnabeg kommen.

Die Botschafter brachen auf, und Makataeshigun ging zu seinem Widersacher, um ihm Versöhnung anzubieten. Der Mann und der Geist der Unterwelt schlossen Frieden. Sie kamen überein, daß der Wunsch, anderen zu schaden, künftig bezähmt werden solle. Um das zu erreichen, suchten sie den Rat der Autissokaunuk (Geschichtenmacher) und riefen sie zu einer großen Ratsversammlung.

Der Mann sprach die Autissokaunuk an: »Erbarmt euch der Menschen. Bringt ihnen Frieden. Bewahrt sie bei Nacht. Bringt ihnen gute Träume. Haltet sie fern von Makataeshigun, jenem Unterweltwesen und Schutzgeist der bösen Träume.«

»Das können wir nicht erfüllen«, erwiderten die Autissokaunuk. »Wir allein können über deine Bitte nicht entscheiden; unsere Brüder und Schwestern müssen ebenfalls befragt werden. Nur wenn alle zugegen sind, können wir die Sache erwägen.«

Der Mann und Makataeshigun sandten einen Botschafer aus, um alle Geister der Tier- und Pflanzenwelt zur Teilnahme an der Versammlung einzuladen. Und wieder sprach der Mann die versammelten Geister an: »Makataeshigun und ich haben lange Zeit Krieg gegeneinander geführt. Wir haben einander und der Menschheit großen Schaden zugefügt. Dennoch haben wir Frieden geschlossen, und wir möchten weiterhin in Frieden leben. Aber Makataeshigun ist der Häuptling der Unterwelt, der tiefen Nacht und des Schlafs. Zur Nachtzeit kommt er in unsere Welt und beherrscht uns. Das können wir nicht ändern – in der Dunkelheit sind wir gegen Makataeshigun hilflos. Wollte er Böses tun, wir könnten uns nicht gegen ihn verteidigen.

Es ist wahr, daß Makataeshigun sein Wort gegeben hat, guten

Männern und Frauen nichts anzutun. Wir wissen jedoch nicht, wonach dieses Gutsein zu bemessen ist. Laßt uns das Gute durch Träume wissen. Macht uns träumen, und wir werden uns dafür läutern, euer Wort zu empfangen.«

Die Autissokaunuk und die Geister des Pflanzen- und Tierreichs versprachen, den Menschen, die durch Läuterung zum Guten hinstrebten, gute Träume einzugeben. Die Geister beriefen die Schildkröte zur obersten Trägerin der guten Träume und Ideale aus der Geisterwelt, und den immergrünen Baum machten sie zum Herold und Symbol des Wissens.

Danach lebten die Anishnabeg und Makataeshigun in Frieden miteinander.

Der Mann, der Makataeshigun herausgefordert hatte, wurde sehr alt, und als er schließlich spürte, daß er bald sterben würde, trug er seiner Enkelin auf, seinen Leichnam auf eine ganz bestimmte Weise zu zerschneiden und nichts davon fortzuwerfen. Er sagte, sein Fleisch werde sich in eine Salbe verwandeln, und diese solle sie an die Kranken ausgeben. So geschah es.

Auch Makataeshigun in der Unterwelt wurde alt. Er sagte seinem Enkel, nach seinem Tod solle sein Körper auf eine bestimmte Weise zerschnitten werden, damit er zu einer Medizin werden könne. Auch dies geschah.

Die Zeit verging, und schließlich hatte die Enkelin in der Oberwelt ihre Medizin fast gänzlich aufgebraucht. Sie ging in die Unterwelt, um Makataeshigun aufzusuchen – aber statt dessen fand sie den jungen Mann, Makataeshiguns Enkel. Zusammmen kehrten die beiden zur Oberwelt zurück und nahmen Makataeshigun als Medizin mit sich – wie er es vor vielen Jahren den sechs Abgesandten versprochen hatte. Es war eine Medizin, die die Anishnabeg vor Krankheiten beschützen und ihnen Wild bringen würde.

Die heiligen Gesänge

Nun besaßen die Menschen Medizin und Ritual. Danach lernten sie die heiligen Lieder, die sie später bei all ihren Heilungszeremonien singen würden. Und um ihren Gefühlen Ausdruck zu geben, sollten sie eine Trommel benutzen, eine hölzerne Kesseltrommel mit Bärenhautüberzug. Das war die Midewewigun, die heilige Trommel.

Nur die Trommel besaß die besonderen Töne, die für die Zuhörerschaft der Geister geeignet waren. Kein anderer von Menschen erzeugter oder in der Natur vorkommender Klang war diesem zu vergleichen. Was die Trommel mitteilte, konnten weder Mann noch Frau verstehen, denn es überstieg menschliches Begreifen, ging weit darüber hinaus als ein Echo, das nur die Geister hören konnten. Dieser Klang war ein Mysterium und daher für den Menschen das beste Mittel, mit der Geisterwelt in Verbindung zu treten. Der Mensch trommelte und sang zugleich, und so wurden seine Bitten vom Echo der Trommel getragen und in die Sprache der Geister übertragen, die droben und drunten und jenseits wohnen. Nur die Stimme der Trommel konnte die Aufmerksamkeit der Gottheiten auf sich ziehen. Und die Anishnabeg lernten und sangen viele heilige Gesänge.

Bittgesänge
>
> *Midewewigaewuk, ininiwuk.*
> Die Männer lassen das Echo der Trommel erschallen.
> *Midewewigun, n'gaganoodumaugonaun.*
> Die Trommel spricht für uns.
> *K'geezhikkoonigimaunih nindowaetaun,*
> *Aen-dazhi dani-tabuyaun.*
> Zu den Himmeln blicke ich auf und rufe,
> Während ich sitze.

Bitte um die Trommel:
>   *Midewewigun, nindo-wiyauh.*
>   Ich suche die Trommel.

Bitte um das Mysterium für die Trommel:
>   *N'midewewigunim manitouwiyauwih.*
>   Meiner Trommel verleihe das Mysterium.

Anrufung der Geister:
>   *Cheebiyuk, n'd'nindo-wauyauk.*
>   Ich rufe die Geister (der Verstorbenen) an.

Bitte um Gehör:
>   *N'nauneebowiyaun, n'nauneebowiyaun.*
>   *Cheegi-shkwwaundaeming wauwizhigau-bowiyaun.*
>   Ich stehe, ich stehe.
>   Nahe eurer Tür werde ich stehen.

Bitte um Ausdauer:
>   *Waussae/aukonae k'weeyow.*
>   *K'okomissinaunih k'gah ondinimowaunaunih.*
>   Hell von Flammen ist dein Körper.
>   Ein Mysterium, von unserer Großmutter mitgeteilt.

Bitte (einer Frau) um die Pfeife:
>   *Puwaugun nindo-wiyauh.*
>   Eine Pfeife suche ich zu erlangen.

Bitte um einen Medizinbeutel vom Fuchs:
>   *Waugooshaehn n'mayauwishimauh.*
>   In den Fuchs setze ich mein Vertrauen.

Lieder an den Himmel:
>   *Geezhigoong w'dah daebwaewaeshin n'daewewigunim.*
>   Mein Trommeln soll zum Himmel hinauf erschallen.

Aundih aen-danee/aek?
Wo wohnst du?

Lieder an die Morgendämmerung:
Waubunossaedauh.
Laßt uns nach Osten gehen.
Waubunoong gae nakawaenayaun.
Nach Osten werde ich meinen Kopf wenden.

Lied an die Lebenskraft:
Neewing ondaunimut;
Neewing inaunimut.
Aus den vier Himmelsrichtungen wehen die Winde;
In die vier Himmelsrichtungen wehen die Winde.

Lied des Dankes für Leben und Kraft:
Bawaudjigaeaun wae-ondji Manitouwiyaun.
Den Träumen verdanke ich das Mysterium.

Lied über das Ausmaß der Kraft:
N'geewitaukummikowaeyaun.
Rings um die Welt werde ich es tragen.

Bitte um Vorausschau:
N'zussigodaetchigawiyaun.
Schlechte Vorzeichen werde ich beachten.

Bitte, das Geschick eines Anführers zu erfahren:
N'gah kawaedabaenimauh ogimauh.
N'gah nindo-kikaenimauh gae izhiwaebizigwaen.
Der Häuptling ist Gegenstand meiner Frage.
Was ihm bestimmt ist, wünsche ich zu wissen.

Bitte um Hilfe:

> *Ayaubeetumun,*
> *Naudimowik-kaetimaugozit*
> Du, der fortdauert,
> Hilf den Armen.

Liebeslieder:

> *N'missowinowauhquae*
> *N'babaumizeekundowauh.*
> Ich begehre die Frau
> Ich bin der Frau zugetan.
> *Shkotae-bugonee*
> *N'gah auskaugoon.*
> Die Blume des Feuers
> Wird mir zur Hilfe kommen.
> *K'dauh bimodjiwauh w'odae/ing.*
> Durchdringe ihr Herz.

Bitte um Vergebung:

> *Waegwaen apautiwaewidung, w'gauh wiyaezhimuk,*
> *Tchi aubawaewaenimit, tchi aubawaewaenimit.*
> Er, dessen Stimme ich höre, er, den ich getäuscht habe,
> Von ihm erbitte ich Vergebung, von ihm erbitte ich
>   Vergebung.

Lied der Versöhnung:

> *Maetchi-ginoonitiwaugwaen,*
> *Onauminauh n'nitawaeh.*
> Bei jenen, die einander schmähen,
> Werde ich meine Medizin anwenden.

Lied der Trauer:

> *Ah! Neekauninaunih n'gee gageedawaetoonaubimin.*
> Ah! Bruder, ich trauerte um dich.

Lied an den Bären:
> *W'dah aunigishkaukawaein*
> *Anaumikummik.*
> Deine Fußspuren werden verschwinden
> Wie tief in die Erde hinein.

Lied an Hirsch, Elch und Karibu:
> *Daeshkunidjik n'd'nindomauk.*
> Ich rufe die Geweihtragenden.

Lied an die Wildtiere:
> *Tchi manaudjimikooyaun*
> *Tchi manaudjimikooyaun, n'd'daupinumoon.*
> Ich erfahre die Ehre
> Ich erfahre die Ehre, dein Geschenk zu empfangen.

> *W'gawautaeshgowaun*
> *Kaugigae w'd'aunkaeshkowaun.*
> Wie ein Schatten
> Stets folgend.

Lieder für eine gute Jagd:
> *W'dah gaweenwipuwae.*
> Nutzlos ist Flucht.

> *N'gah kikinowautchitoon k'd'inaudiziwin*
> *K'gah kagawaedabaenimin.*
> Dein Wesen werde ich nachahmen
> Um dich auf die Probe zu stellen.

> *K'weeyow n'gah nitton*
> *K'cheejauk w'd'aubeetum*
> *Onauminanbugonae n'gah gawinaeshimauh.*
> Deinen Körper werde ich töten
> Dein Geist wird fortdauern

Mit der wundersamen Pflanze werde ich ihn zu Fall
bringen.

Ayauwaunikummigauk k'gah ondjimookeewae
Auno manitouwiyin k'gah ondjimookeewae.
Aus der Höhlung der Erde wirst du auftauchen
Wunder-gleich wirst du hervorkommen.

Gauwissaungun-weeyow maumoweenut.
Wild ist im Überfluß vorhanden.

Gauwissaungunuk n'abi-izhaumikook
Kauween w'd'ningodjipuwaesseewuk.
Das Wild kam zu mir
Das Wild wird nicht fliehen.

Metigwaub n'nitawae
Pigook n'nitawae.
Einen Bogen werde ich benutzen
Einen Pfeil werde ich benutzen.

Nakwae-bimowaukun k'weekauninaun.
Unfehlbar triff unseren Bruder.

N'd'auskaugook kinebikowiyaunik.
Die Schlangen werden mir Kraft geben.

Binaeswibimowaukae onauminauh n'nitawaeh.
Auf Vögel ziele ich mit meiner Medizin.

N'gah kawae/auk gauwissaungnuk.
Ich werde mich an das Wild anpirschen.

Migizi, migizi
N'd'izhi zheebaendum.
Nissowautikong
K'gah waubundaun zaugigun.
Der Adler, der Adler
Geduldig wie er.
Aus den Astgabeln droben
Wirst du einen See erkennen.

Lieder für einen guten Fischfang:
Wee winaunautaushimuk mishi-numae
Mee wee gagawaedabaenimuk.
Ich werde mir im Wind den Stör holen
Ich werde mich mit ihm messen.

N'wauyiyaegummeegae
N'd'aupitagummeetchigae.
Ich lege meine Netze nahe dem Ufer aus
Ich lege meine Netze auf halbem Wege über den See aus.

Lieder der Danksagung
K'nakawaenimauko.
Wir nehmen deine Gabe an.

K'weeyow n'gah meedjin
K'waeyaun n'gah beeskaun.
Dein Fleisch werde ich essen
Dein Fell werde ich tragen.

Kikinowautchi-beegaudae.
Es wird geschrieben stehen.

Die Umrundung der Midewigun

Bevor eine Zeremonie beginnen konnte, unterzogen sich die Priester und Novizen der Midewewin der rituellen Reinigung. Dann folgte die Prozession, bei der viermal die Midewigun (die Zeremonialhütte, jener ersten Hütte nachgebildet, die Nanabush einst für die Anishnabeg baute) umschritten wurde. Bei dieser Prozession betätigten sie ihre Klappern aus Schildkrötenpanzern zur Beschwörung der guten Geister und zur Vertreibung der Bösen. Und sie sangen:

> *Mino-dae/aeshwishinaug*
> *Tchi mino-inaudiziwinaungaen.*
> Erfüllt unseren Geist mit dem Guten
> Aufrecht möge dann unser Leben sein.

> *Nanaukinumowidauh matchi-dae/aewin*
> *Zhaugootchitumowidauh matchi-dodumowin.*
> Bewahrt unsere Herzen vor dem Bösen
> Gegen das Böse behauptet euch.

Die vierfache Umrundung der Midewigun symbolisierte die Vierfältigkeit in allen Dingen: in Raum und Zeit, im Lebensablauf, in allen Ereignissen, in der Ordnung der Lebewesen, im Denken und Träumen. Vier Jahreszeiten hatte das Jahr und vier Hauptrichtungen die Erde. Es gab vier Stufen des Daseins, vier Klassen im Tierreich, vier Menschenrassen. Es gab vier Ebenen des Traums und vier Grade der Bewußtseinstätigkeit. In jedem einzelnen Leben gab es vier Stadien und vier wichtige Ereignisse. Und da diese Vierfältigkeit in der Natur allenthalben anzutreffen war, gliederte der Mensch auch seine Zeremonien in vier Phasen: die Vorbereitung, die Zeremonie, die Bekräftigung und das Festmahl.
Bei ihrer ersten Umrundung der Midewigun begegneten die Priester und Novizen vier Midewewin-Priestern des vierten Ran-

ges, die in Bärenfelle gekleidet waren und das Gute darstellten. Diese vier Bären fielen in die Gesänge ein und schlossen sich der Prozession an. Etwas später erschienen vier weitere Priester in Bärenumhängen. Sie stellten die Kräfte des Bösen dar, und sie knurrten bedrohlich und stellten sich der Prozession in den Weg, doch sie wurden vor den guten Bären zurückgedrängt und mußten, wenn auch grollend, weichen.

Die Totems

Nach der vierten Umschreitung betraten die Männer und Frauen der Midewewin nacheinander die Midewigun. Das Innere der Hütte beherrschten vier Pfosten – vier Lebensbäume –, welche die vier Ränge der Midewewin symbolisierten. Um diese Pfosten lagen am Boden verteilt die Opfergaben der Mitglieder: Tabak, Medizinen, Felle, Gerätschaften und Birkenrindenrollen; Medizinbeutel von Bär, Wolf, Fuchs, Otter, Biber, Habicht und Eule. An ihren angestammten Plätzen standen die geschnitzten Bildnisse der Schutzgeister der Medizingesellschaft. Negik (Otter), der erste und anführende Schutzgeist stand in der Mitte des Raums; Noka (Bär), der Bewacher der Zeremonie, hatte sowohl am Eingang als auch am Ausgang einen Platz; die Autissokaunuk nahmen in den Himmelsrichtungen ihre Plätze ein. Die Abbilder von Moozo (Elch) und Addikmeg (Weißfisch) symbolisierten Ernährung, aber auch Animkee-Binaessi (Donnervogel) und Makataeshigun waren zugegen. Weitere Beschützer, deren hölzerne Bildnisse in der Hütte aufgestellt wurden, waren Kinozhae (Hecht), Numae (Stör), Numaegos (Forelle), Coocoocoo (Eule), Wawa (Gans), Aninzheep (Ente), Chejauk (Kranich), Mong (Taucher), Migizi (Weißkopfadler), Shaudae (Pelikan), Amik (Biber), Pizheu (Luchs), Waubosse (Kaninchen) und Addik (Karibu).

Neben der heiligen Trommel lag die Midemegis, die heilige Muschel. Sie befand sich stets in der Hütte, und sie symbolisierte den Umstand, daß langes Leben eine Gabe war, welche die Anishnabeg stets aufs neue erringen mußten, nachdem einst ein Mann sie verspielt hatte, indem er den Geist der Unterwelt herausforderte.

Eine Geschichte wurde erzählt von einer Schar von Anishnabeg, die einst ihre Heimat verließen, weil sie glaubten, das lange Leben sei im Osten zu finden, dem Land der Morgendämmerung, in dem jeden Morgen die Sonne geboren wurde. Sie nahmen ihren gesamten Besitz mit, doch obgleich sie unsäglichen Strapazen ausgesetzt waren und die Morgendämmerung an jedem Morgen genauso weit entfernt war wie am Tage zuvor, setzten sie ihren Weg fort. Der Glaube, daß sie eines Tages das Land der Morgendämmerung erreichen würden, beflügelte sie. Endlich kamen sie an ein großes Wasser, größer als jeder See, den sie je gesehen hatten. Noch nie hatten sie so heftige Stürme erlebt wie hier, und das Wasser war salzig, nicht trinkbar. Und jenseits dieses Salzmeeres lag das Land des Sonnenaufgangs, für immer unerreichbar.

Lange verweilten die Leute hier unschlüssig am Rand des großen Meeres. Dann aber erschien die Seemuschel, die Midemegis, am westlichen Himmel, hell leuchtend wie ein Stern am Tag, hell wie der Mond am Nachthimmel. Die Alten berieten sich über diese wunderbare Erscheinung. Schließlich gelangten sie zu der Ansicht, sie müsse ein Zeichen sein, das ihnen bedeutete, sie sollten zu ihren Brüdern und Schwestern in das Land, das sie verlassen hatten, zurückkehren. Mit der Midemegis als Führer fanden sie den Weg zurück in die Heimat, wo sie sich mit ihrem Stamm vereinigten und ihre alten Traditionen wieder aufnahmen.

In der Weekindiwin (Zeremonie der Einführung) wurden männliche und weibliche Kandidaten für die Neuaufnahme nach einer eingehenden Prüfung ihres Wissens von einem Priester des Vierten Ranges mit Hilfe der Midemegis »erschossen« und »getötet«. Danach erweckte der Priester (oder die Priesterin) den Kandidaten mit seinem (oder ihrem) Atem zu neuem Leben. So wurde das Wechselspiel von Leben und Tod, Verfall und Erneuerung, Verunreinigung und Läuterung dramatisch dargestellt.

Die Midemegis spielte auch in anderen Zeremonien eine Rolle: Onauminauh Midewewin (Medizin-Zeremonie), Cheeby Midewewin (Toten-Zeremonie), Kinebik Midewewin (Schlangen-Zeremonie), Autissokaewininiwuk Midewewin (Zeremonie der Gefährten) und Gee/Ossae Midewewin (Jagd-Zeremonie). In all diesen Zeremonien war die Midemegis das wichtigste und wesentliche Element.

Das Rauchen der Pfeife

Wenn alle die Hütte betreten hatten, wurde von einem Pottawae/otomi (Hüter des Feuers), der ebenfalls der Gesellschaft angehörte, mit ein paar Glutstückchen, die er stets in einem besonderen Behälter bereithielt, ein Feuer entfacht. Hierzu verwendete er Kinnikinnik (eine Mischung aus Süßgräsern), das im Feuer einen süß duftenden Rauch entfaltete.

Mit der Glut aus diesem Feuer entzündete der Oshkaubaewis (der Hüter der Pfeife) die heilige Pfeife. Einer der Midewewin-Älteren nahm die Pfeife von ihm entgegen und präsentierte sie in ehrfurchtsvoller Haltung bei seiner Anrufung:

»Kitche Manitu! Betrachte gütig unsere Gedanken, unser Ritual. Wir bitten dich um dein Wohlwollen für unsere Zeremonie, für unser Handeln. Wir brauchen deine Anleitung und dein Wohlwollen, damit wir tun können, was gut ist.

Mutter Erde! Wir ehren dich wie unsere Mütter. Wir danken dir für alles Gute, das du uns gewährt hast. Du gabst uns Pflanzen als Nahrung und als Medizin. Du gabst uns Schönheit, die wir

schauen konnten. Du bist die erste Mutter. Du bist die Mutter der Menschheit.«
Dann sprach er seine Bitten für das Volk der Anishnabeg aus.

Bitte an den Norden

Euch, die ihr im Norden wohnt, euch bitten wir heute, uns gute Träume zu gewähren. Kommt heute Nacht und jede Nacht. Kommt in unsere Häuser und in unseren Geist und erfüllt uns mit der Sehnsucht nach dem Guten. Zeigt uns das Gute, damit wir es beachten und befolgen können.
Verbannt die bösen Träume aus unserem Schlaf und unserem Leben. Laßt weder Falschheit noch Gewissensbisse, weder Selbstsucht noch Böswilligkeit gegenüber unseren Brüdern unseren Schlaf stören.
Beschützt uns des Nachts, wenn wir hilflos sind. Kommt wie der Nordwind, vertreibt das Böse. Wacht über uns, schirmt unseren Geist, wie der Schnee die Erde bedeckt. Und verlaßt uns nicht, bis wir erwachen und uns wieder selbst schützen können.

Bitte an den Westen

Ihr, die ihr im Westen wohnt, verleiht uns guten Willen. Zeigt uns den Weg, damit wir nicht straucheln oder abirren. Gebt uns guten Willen ein, damit wir unser Ziel erreichen. Lehrt uns, nach Freundlichkeit, Mut, Fröhlichkeit, Weisheit, Geduld und Redlichkeit zu streben. Und gebt uns die Weisheit, das Richtige vom Falschen zu sondern.
Laßt mich nicht schlecht von meinen Brüdern und Schwestern denken. Laßt mich nicht an den Lehren der Vorväter zweifeln oder die Tiere des Waldes verachten, die Armen vergessen oder unsere Zeremonie geringschätzen, meine Brüder und Schwe-

stern beneiden, meiner Vision mißtrauen oder in der Gefahr verzagen.

Laßt unsere Absichten gut sein. Helft uns, Kitche Manitu, unsere Vorväter, unsere Eltern und unsere Toten zu ehren. Gebt uns Mut ein, wenn wir voller Zweifel und Kummer sind, verleiht uns Kraft, wenn wir in Gefahr sind oder nicht weiterwissen. Mäßigt unseren Zorn und unseren Neid. Verleiht uns die Gabe der Vorrausschau. Und helft uns, unserer Vision treu zu bleiben.

Bitte an den Süden

Wir erhielten die Sprache vom Großen Geist, um den guten Willen in uns zu nähren und mit den Geistern verkehren zu können. Sie ist für das Alltägliche ebenso förderlich wie für das Geistige. Das Sprechen ist etwas Heiliges.

Doch zu häufig verletzen wir durch zornige Worte oder führen unsere Brüder und Schwestern durch vorschnelle Worte in die Irre. Wenn wir einen Rat erteilen, bringen wir unsere Erfahrung und unser Wissen entweder zu früh oder zu spät ein, so daß er nichts Gutes bewirken kann. Aus Gewohnheit sprechen wir zuviel oder zuwenig. Und häufig öffneten wir uns für die Unwahrheiten, die man über unsere Nachbarn sprach, und trugen sie auch noch weiter.

Wenn wir Worte von uns geben, als seien sie nichts als Lautgebilde, so wird man unsere Gedanken als seicht und wertlos erachten – und uns selbst ebenfalls. Und wenn wir achtlos mit der Wahrheit umgehen, werden wir am Ende das Vertrauen unserer Brüder und Schwestern verlieren.

Um vertrauenswürdig zu sein, müssen wir auf unsere Alten hören, die uns mahnen zuzuhören und zu sprechen – beim Sprechen aber so sanft zu sein, wie der linde Hauch des Südwinds.

Bitte an den Osten

Wenn wir im Morgengrauen erwachen, sind wir erfrischt und bereit, unsere Gliedmaßen für die tägliche Arbeit zu gebrauchen. Doch wir erinnern uns auch, daß unter uns Brüder und Schwestern sind, die nicht im selben Geist wie wir dem neuen Tag entgegensehen können. Unter uns sind ein blinder Mann, eine lahme Frau, etliche Waisen, eine Witwe, ein Stummer und eine traumsuchende Frau.
Unser Beschützer! Mit unseren Herzen und Pfeilen und Medizinen wollen wir diesen Tag für unsere Brüder und Schwestern so licht wie möglich machen. Wir werden den Blinden führen, die Lahme tragen, wir werden die Waisen beschirmen, die Witwe trösten, wir werde für den Stummen sprechen und die Traumsuchende führen.
Laß das Wild zahlreich, den Mais reichlich und die Medizin stark sein für sie und für uns.

Bitte an Makataeshigun

Zuletzt kam die Bitte an Makataeshigun, den Geist der Unterwelt. Dies hatte Makataeshigun sich ausbedungen, als er den Leuten die Medizin gab:

> Schutzgeist der Tiefe
> Schutzgeist des Dunkels
> Schutzgeist der Nacht
> Schutzgeist des Geheimen
> Schutzgeist des Verborgenen.
> Laß ab!
> Halte dich fern
> Von unserem Schlaf
> Von unserem Gemüt
> Von unserem Herzen

Von unserem Geist.
Laß unseren Geist wandern
Von Tiefe zu Tiefe
Von Weite zu Weite
Innen und außen
Nach seiner Art –
Auf der Suche nach Frieden.

Das Ende der Zeremonie

Nach diesen letzten Worten trat in der Midewigun vollkommene Stille ein. Die einzige Bewegung kam vom Feuer, das einzige Geräusch von den Flammen, die in der Ruhe knisterten. Auf der Suche nach dem Guten hatten die Priester sich tief in sich selbst zurückgezogen. Und dort, im Innern, fanden die Priester und Novizen das letzte Stadium der Versunkenheit.

Dort und in diesem Zustand konnte das Gute gefunden werden, doch anwenden mußte man es in der gegenwärtigen äußeren Welt des Menschen. Und die Belohnung für das Gute war ein langes Leben, auf daß die Alten das Gute darlegen und leben konnten, um es an die Jüngeren weiterzugeben.

Später wurde die Kesseltrommel aus ihrer Hülle genommen, und man sang die alten Lieder, welche die Geister die Anishnabeg gelehrt hatten. Der Schlag der Trommel trug die Bitten von der diesseitigen in die jenseitige Welt und zu den Beschützern des Guten. Hatten die Bittsteller sich geläutert und das Ritual getreu dem uralten Brauch ausgeführt, so hörten die Autissokaunuk das Trommeln und Singen. Sie trugen die Bitten dann weiter, nach oben und nach unten, zu Kitche Manitu und zu Makataeshigun.

Wurde eine Antwort vernommen, so fand die Zeremonie schließlich ihr Ende, und die Mitglieder der Gesellschaft tanzten und schmausten zum Zeichen ihrer Dankbarkeit.

Die Gesellschaft der Morgendämmerung
Waubunowin

Der Ursprung der Gesellschaft

Das Gerücht ging um, die Waubunowin widme sich der Zauberei und ihre Mitglieder seien vom Bösen inspiriert. Niemand wußte etwas Genaues.

Diese Ungewißheit ließ viele weitere Gerüchte entstehen. Manche sagten, die Gesellschaft sei vor langer Zeit von Mitgliedern des Dritten Ranges der Midewewin gebildet worden, die sich nicht länger an den Kodex der Midewewin halten wollten. Man nahm natürlich an, daß sie dem Bösen dienten, und schloß sie aus. Da gründeten sie ihre eigene Gesellschaft. Andere meinten, die Gesellschaft ginge auf Zauberer zurück, die einst die Anishnabeg in Furcht und Schrecken versetzt hätten. Wieder andere wiesen darauf hin, daß der Ausdruck »Waubunoh« die Morgendämmerung bezeichnete; vielleicht, so meinten sie, war die Gesellschaft von einem der östlichen Stämme übernommen worden, oder die wandernden Anishnabeg hatten sie von ihrer erfolglosen Suche nach dem Land der Morgendämmerung mitgebracht. Freilich, der Name konnte auch einfach daher rühren, daß die Gesellschaft ihre Rituale während der Nacht ausführte und im Morgengrauen beendete.

Einigkeit herrschte nur in einer gewissen furchtsamen Scheu, die die Leute vor dieser Gesellschaft empfanden. Ihre Macht war nicht geringer als die des dritten Ranges der Midewewin, doch während ein Mitglied der Midewewin die guten Geister anrief und selbst Gutes tat, glaubte man von der Waubunowin, daß sie mit den bösen Geistern zusammenarbeitete und anderen Menschen durch Beschwörung Schaden zufügen konnte. Man sprach selten von der Waubunowin, und wenn man es tat, dann nur sehr respektvoll.

Mishi-Waub-Kaikaik glaubte nicht, daß die Waubunowin gänzlich dem Bösen ergeben war. Mit Ausnahme von einer Zeremonie fanden alle Rituale der Gesellschaft unter Ausschluß aller Nichtmitglieder und im Schutz der Nacht statt; diese Aura des Geheimnisvollen, so glaubte Mishi-Waub-Kaikaik, machte den Leuten die Waubunowin so unheimlich. Als Mitglied der Midewewin konnte Mishi-Waub-Kaikaik nicht in die Waubunowin eintreten, doch wie alle anderen Angehörigen der Gemeinschaft nahm er alljährlich an deren öffentlichen Teil der Zeremonie für Leben und Gesundheit teil.

Vorbereitung

Wieder einmal nahte der Winter. Die strahlenden Farben waren aus den letzten Blättern gewichen, die noch an den Zweigen hafteten. Still war es in den Wäldern, nur noch das Flattern und Zirpen der Meisen hörte man. Und immer häufiger peitschte der Nordwind die Seen auf und schob Wolkenbänke vor sich her. Es war Zeit, daß die Waubunowin zu ihrer letzten Zeremonie zusammenkam. Bevor die verschiedenen Familien des Dorfs sich in ihre getrennten Winterquartiere zurückzogen, würden die Mitglieder der Waubunowin – teils unter sich, teils in aller Öffentlichkeit – die Herbstzeremonie abhalten, die Zeremonie des Bittens um Leben und Gesundheit. Erst im Frühling würden die Familien wieder zusammenkommen, und erst im Frühling würde die Waubunowin wieder zusammentreten.
Für Tikumiwaewidung (Dessen Stimme Über den See Schallt) war diese Zeremonie etwas Besonderes. Er war erst kürzlich in die Gesellschaft aufgenommen worden, und jetzt würde er zum ersten Mal als Vollmitglied bei der Ausführung mitwirken. Auch gab es diesmal zusätzlich einen besonderen Anlaß für die Zeremonie: Eine alte Frau des Stammes war krank, durch die Jahre ihrer Kräfte und ihres Atems beraubt. Nun mußte die Gesellschaft versuchen, sie wieder gesund zu machen.

Jedermann hatte alle Hände voll zu tun. Die Männer durch-
streiften die Wälder auf der Suche nach Hirschen und Elchen,
die kleinen Jungen stöberten Kaninchen und Rebhühner auf.
Die Frauen bereiteten das große Festmahl vor, während die
Mädchen Feuerholz sammelten. Die Mitglieder der Gesellschaft
bereiteten Medizinen zu, sammelten Tabak und fertigten
Geschenke an. Außerdem erbauten sie die Hütten, die für die
Zeremonie gebraucht wurden.

Die Haupthütte

Zuerst errichteten sie die heilige Hütte. Mit ihrer runden Gestalt
stellte sie das Erdenrund und das Himmelsrund sowie die Zeit-
losigkeit des Raumes dar. Sie besaß zwei Eingänge, einen nach
Westen und einen nach Osten. Die Gerten, aus denen ihre Wan-
dung bestand, waren so gebogen, daß sie eine Kuppel bilden
würden, wenn man sie in der Mitte verband. Doch die Hütte
sollte nicht vollkommen abgeschlossen sein, weshalb man oben,
etwa dreieinhalb Meter hoch, eine breite Öffnung ließ. So
konnte sich der mächtige Mittelpfosten weit hinaufrecken und
das Licht der Sonne und der Sterne hereinscheinen.
Als die Hütte fertig war, trugen alte Männer und Frauen, die die
ranghöchsten Mitglieder der Waubunowin waren, ihre Opfergaben hinein. Wampum-Muscheln, Tabak und Kleidungsstücke wurden nahe dem Mittelpfosten abgelegt. Dann öffneten
die Hüter der heiligen Bilder bedächtig und ehrfurchtsvoll die
Lederhüllen der geschnitzten Bildnisse ihrer Schutzgeister und
stellten die Statuen an ihre angestammten Plätze. Shawaegee-
zhig (Sich Neigender Himmel) kam in die Mitte neben den
Hauptpfosten. Misquogeezhig (Roter Himmel), der Osten,
Kababonkaugeezhig (Winterhimmel), der Norden, Minooni-
geezhig (Wohltuender Himmel), der Westen, und Zhawano-
geezhig (Blauer Himmel), der Süden, wurden auf kleinen Pode-
sten in den vier Himmelsrichtungen aufgestellt. Etliche andere

Figuren von Schutzgeistern und Totems wurden hereingetragen und an ihren Platz gestellt. Zuletzt wurde nahe dem Mittelpfosten eine Pritsche für die kranke alte Frau aufgebaut.

Die Reinigungshütten

Während die älteren Männer und Frauen die Haupthütte ausschmückten, war eine andere Gruppe unter der Führung und Aufsicht eines der Älteren damit beschäftigt, die Reinigungshütten zu errichten. Vier wurden in gerader Linie mit dem Osteingang aufgestellt, vier weitere in gerader Linie mit dem Westeingang. Alle Teilnehmer und Ausführenden der Zeremonie würden von einer Reinigungshütte zur nächsten gehen, um sich zu läutern, bevor sie die Haupthütte betraten.

Da Tikumiwaewidung die Zeremonie der Friedenspfeife ausführen sollte, war er der erste. Er hatte schon viele dieser rituellen Reinigungen ausgestanden, doch es war immer wieder eine harte Feuerprobe. Bis an die Grenzen des Ertragbaren mußte man gehen, ohne nachzugeben: Hunger und Durst überwinden, dem Verlangen des Körpers nach Erlösung widerstehen und den Schmerz nicht beachten. Doch danach ging es noch weiter: Man mußte alle Begierden, alle Ichsucht und alle Zweifel überwinden und die Leidenschaften niederringen, um endlich einen Zustand der Freiheit vom Wehgeschrei des Körpers und dem Aufruhr des Geistes zu erringen. Erst wenn all das geschehen war, konnte Tikumiwaewidung sich würdig fühlen, die Zeremonie auszuführen und dabei Kitche Manitu und alle anderen Geister anzusprechen.

Auch die anderen Mitglieder der Waubunowin unterzogen sich einer nach dem anderen diesem Ritual, bis sie alle geläutert waren. Erst dann durfte man es wagen, mit den Geistern in Verbindung zu treten.

Die Friedenspfeife

Tikumiwaewidung hatte das Reinigungsritual eingeleitet, daher betrat er auch als erster die heilige Hütte, um mit der Zeremonie zu beginnen. Er trug sein Zeremonialgewand und saß tief versunken da, während der Raum sich allmählich füllte. Er schaute nicht auf, solange die anderen ihre Plätze einnahmen. Er sammelte sich ganz auf die Worte, die er sprechen würde.

Tiefes Schweigen herrschte. Es bedurfte keiner Worte. Dieses feierliche Schweigen war ein Ausdruck des Großen Friedens. Es mußte so lange wie möglich gewahrt werden.

In dieser Stille wickelte der Pfeifenträger die heilige Pfeife aus ihrem Bündel und legte sie auf eine Decke. Mit Handgriffen, die tiefe Verehrung bezeugten, füllte er die Pfeife aus dem Tabakbeutel und zündete sie an. Dann reichte er sie Tikumiwaewidung.

Tikumiwaewidung blies eine Rauchwolke in den Himmel, den man durch die Öffnung im Dach sah. »Großer Geist!« sagte er. »Wir bringen dir heute unsere Ehrerbietung dar, und wir danken dir für das Leben und für alle Dinge. Nimm diese unsere bescheidene Opfergabe an. Sie ist alles, was wir haben. Dieser Tabak ist dein Geschenk an uns, und wir bieten dir demütig deine eigene Gabe als Rauch dar. Wir haben unser Herz und unser Sein geläutert, um würdig zu sein, dich anzusprechen. Du warst sehr gütig. Schenke uns nun dein Erbarmen. Nimm diesen Rauch an, unsere Gabe an dich.«

Eine zweite Rauchwolke blies er zur Erde nieder. »Mutter Erde!« sagte er. »Wir bringen dir heute unsere Ehrerbietung dar, und wir danken dir für das Leben und für alle Dinge. Du bist unsere Mutter. Du nährst uns, du kleidest uns, du beschirmst uns, du tröstest uns. Dafür danken wir dir und verehren dich.«

Nun wandte er sich an den Norden, den Süden, den Osten und den Westen und opferte jedem von ihnen einen Zug aus der Pfeife. Er sprach für seine Leute und für die kranke Frau, die neben dem Mittelpfosten auf ihrer Pritsche lag.

Bitte an den Norden

Du, der du im Norden wohnst: wir entbieten dir unseren Dank und unsere Verehrung. Zügle deine Winde, deine Schneeschauer, deine Stürme, auf daß wir überleben mögen, unsere Kinder nicht krank werden und unsere Alten nicht leiden müssen. Wir bitten dich um Anleitung. Hilf du uns, nie zu vergessen, daß wir selbst die Folgen tragen müssen, wenn wir nicht weise sind und nicht an das Künftige denken. Hilf uns, weise Entscheidungen zu treffen.

Denke an uns und hab Erbarmen mit uns, wenn du kommst, uns zu prüfen – wenn du den Bäumen das Leben abstreifst, wenn du die Fische das tiefe Wasser aufsuchen läßt und das Wild aus den gewohnten Schlupfwinkeln vertreibst. Sei gut zu unseren älteren Brüdern, dem Elch, dem Hirsch, dem Bären, dem Biber und dem Eichhörnchen. Behüte sie, denn auch sie müssen leben. Und um unserer kranken Schwester Willen mäßige deinen Geist und deinen Atem.

Komm nicht zu rasch und nicht zu bald. Sei nicht hart. Bleibe nicht zu lange.

Bitte an den Süden

Du, der du im Süden wohnst: wir entbieten dir unseren Dank und unsere Verehrung. Wenn wir in diesem Sommer gut zu essen hatten, weit herumgekommen sind, unsere Brüder und Schwestern gesehen haben, wenn unsere Augen Farben und Formen von Mutter Erde erblicken durften und unsere Ohren den Gesang der Wälder hörten, wenn wir heilkräftige Pflanzen ernten und Fleisch und Fisch und Mais einbringen konnten, so ist es deiner Großzügigkeit zu danken.

Wir bitten dich, uns zu führen. So gütig du zu uns warst, so gütig laß uns im Geist und in Taten gegenüber unseren Brüdern und Schwestern und den Fremden sein. Laß uns die Jungen und die

Alten, die Lebenden und die Toten, die Gesunden und die Kranken im Herzen tragen. Wie du uns genährt hast, so laß uns die Schwachen, die Lahmen und die Kranken, die Witwen und die Waisen nähren. Erinnere uns daran, stark zu sein. Bestärke uns in unserer Entschlossenheit.

Hab Erbarmen mit uns; laß nicht zu, daß wir vergessen. Wärme unsere Herzen, wie du Mutter Erde wärmst, damit unsere Gedanken zu guten Taten werden, wie die Saat zu Mais heranwächst. Und sollten wir schwankend werden, so sieh uns unsere Schwäche nach.

Und sei unserer Schwester gnädig. Heile ihre Schmerzen, wie du Schnee und Eis schmilzt und die Wasser wärmst. Verschone sie. Laß sie noch weitere Sommer sehen und weitere Enkel.

Bleib nicht zu lange fort. Vergiß uns nicht. Komm bald wieder.

Bitte an den Osten

Du, der du im Osten wohnst: wir entbieten dir unseren Dank und unsere Verehrung. Mit deinem Kommen läßt du alle Dinge aus dem Schlaf erstehen, dein Licht erweckt alles aus dem Halbtod. Du weckst die Vögel, und sie preisen dich mit Gesang. Du weckst die Blumen, und sie öffnen ihre Blüten. Du weckst das Eichhörnchen und das Backenhörnchen zu neuem Spiel. Du läßt uns ausgeruht und mit frischen Kräften für einen neuen Tag erwachen; du läßt die Kinder mit größerer Kraft zu neuem Guten erwachen. Du machst hell, was dunkel war. Du holst uns aus dem Reich des Halbtodes und gibst uns der Welt des Lebendigen zurück.

So wie du uns die Welt erhellst, laß uns den Kindern ein Licht sein, damit sie ihren Weg klar erkennen können. Gewähre uns, das Wissen an sie weiterzugeben, das die Vorfahren uns anvertrauten, damit auch die Jugend stark und weise, gütig und tapfer wird. Mögen sie aus guten Träumen zu guten Taten erwachen. Laß uns deshalb bei allen Erwägungen auch an die Kinder denken. Sie suchen bei uns Rat und Anleitung, und wir blicken voller Hoffnung auf sie. Das ist unser Geschenk an sie. Mögen sie es in Ehren halten und mehren.

Und sei unserer Schwester gnädig. Wie du uns vom Schlaf erweckst, so laß sie von der Krankheit genesen. Sie hat viel Gutes zu geben.

Laß uns heute Gutes tun und den nächsten Tag und den darauffolgenden Tag.

Bitte an den Westen

Du, der du im Westen wohnst: wir entbieten dir unseren Dank und unsere Verehrung. Jeden Tag erinnerst du uns an das Leben: mit dem Sonnenaufgang – Geburt und Jugend; mit dem Sonnenuntergang – Alter und Tod. Schnell vergeht der Tag, und er sagt uns, wie kurz das Leben ist. Aufgang und Untergang der Sonne zu sehen, ist eine Freude. Das Leben von der Jugend bis ins hohe Alter zu erleben, ist ein Geschenk. Du erinnerst uns an unsere Bestimmung.

Wenn der Himmel erglüht, wissen wir, daß dein Licht bald verlöschen wird. Selbst die Vögel wissen, daß dein Licht schwinden wird, und sie beklagen es. Die Blüten falten ihre Blätter ein, die Eichhörnchen und Backenhörnchen suchen ihre Nester auf. Und wir, müde von der Arbeit, begeben uns zur Ruhe. Doch wir wissen, das Licht wird wiederkommen.

Nicht so das Leben. Nicht einen Tag können wir zurückhalten, so sehr wir uns wünschen mögen, daß er noch bliebe. Und so sehr wir uns wünschen mögen, das Leben zu verlängern, den Tod können wir nicht aufhalten. Wie der Tag, so werden auch Männer und Frauen schwach werden und sterben und weiterziehen ins Land der Seelen, um sich dort mit den Ahnen zu vereinen. Und wie dein Himmel aufleuchtet vor dem Sonnenuntergang, so mögen auch wir im Alter unseren Kindern ein Licht sein. Mögen unsere guten Taten leuchten wie die Sonne; und mögen wir mit Frieden im Herzen ins Land der Seelen gelangen. Und hab Erbarmen mit unserer Schwester. Behüte sie wohl diese Nacht und laß sie, frei von Leiden, den Aufgang einer neuen Sonne erleben.

Mögen wir heute nacht in deinem tiefen Frieden schlafen. Mögen wir gute Träume haben und sie morgen ins Werk setzen. Laß uns wahrhaftig sein.

Der Abschluß der Anrufung

Nachdem Tikumiwaewidung sich nacheinander an den Norden, den Süden, den Osten und den Westen gewandt hatte, sprach er diese vier Gottheiten noch einmal gemeinsam an. Er bat um Beistand während des kommenden Winters, auf daß die Waubunowin sich erneut zur Feier versammeln konnte, wenn der Schnee geschmolzen war. Er dankte Kitche Manitu für die Gabe des Heilens und für das Wissen um die Rituale, die man zum Wohl der Kranken ausführen konnte.

Dann sprach Tikumiwaewidung die in der ganzen Hütte verteilten Bildnisse der Totems und Schutzgeister an. Er begann mit dem Otter, der einst die Anishnabeg vor dem Untergang bewahrt hatte, als er eine Heilpflanze aus den Tiefen des Wassers heraufholte; er war das Symbol des Heilens, und die Gesellschaft hatte ihn als ihren Schutzgeist gewählt. Dann wandte er sich reihum den anderen Bildnissen zu und erzählte, was sie für den Stamm bedeuteten. Er verstummte erst, als er hinreichend dargelegt hatte, wieviel die Leute dem Bären, dem Elch, dem Weißfisch, dem Hecht, dem Stör und allen anderen Tieren verdankten. Darüber war der größere Teil des Vormittags vergangen. Nun senkte sich tiefes Schweigen über die Versammelten in der Hütte. Ein jeder zog sich in seine Seele zurück und suchte von dort aus ins Reich der Geister zu gelangen. Schließlich erhoben sich zwei alte Männer und eine alte Frau von ihren Plätzen. Sie nahmen die drei Trommeln auf, die um den Mittelpfosten auf der Erde lagen, und leiteten den nächsten Teil der Zeremonie ein.

Das Ritual des langen Lebens

Leise und im Gleichtakt ertönten die Trommeln. Mit hoher Stimme begann die Frau in einer alten Sprache zu singen, die nur noch von wenigen verstanden wurde. Nach ihr sangen der zweite und der dritte Sänger, und ein jeder rief die Geister und Mysterien an:

> *Tibishko zhingwauk n'gah inaudiss.*
> Wie die Kiefer möchte ich sein.

> *Tibishko assin n'gah aubeetum.*
> Dauerhaft wie der Fels möchte ich sein.

> *Tibishko nibi n'gah danee.*
> Wie das Wasser möchte ich bleiben.

Dann standen drei weitere Sänger auf und auch sie rezitierten einer nach dem anderen:

> *Gautawaenimishinaung tchi aukozissiwaung.*
> Bewahrt uns vor Krankheit.

> *K'mashki-akeemewauh manitouwun.*
> Eure Medizinen sind heilkräftig.

> *Gaunaundiziwin minowaunigowaendaugot.*
> Gesundheit ist ein Segen.

Und so erhoben sich, jedesmal zu dritt, immer weitere Priester zu ihren Anrufungen, bis alle sich geäußert hatten. Und dann – geschah etwas Merkwürdiges. Noch bevor die letzten drei ihren Gesang beendet hatten, erhob sich ein plötzlicher Wind. Zunächst kaum merklich, gleich einer sanften Frühlingsbrise, nahm er an Kraft immer mehr zu, bis er wie ein Wirbelwind war,

der alle anderen Laute übertönte. Zugleich begannen die Holz-
bildnisse auf ihren Plätzen sichtbar zu schwanken, als tanzten sie
im Rhythmus des Windes. Und über dem Getöse, dünn, zart
und dennoch die Donnerstimme des Windes durchdringend,
schwebte der Gesang der Übernatürlichen. Alle Männer und
Frauen in der Hütte öffneten sich rückhaltlos diesem Chor, bis
er mit dem abflauenden Wind langsam verklang. Die Geister
hatten geantwortet.

Und als wäre das Verstummen der Geister ein geheimes Zeichen, erhoben sich nun zwei Priester mit Blasrohren. Sie
umtanzten die alte Frau auf ihrer Pritsche, und dabei schossen
sie durch ihre Blasrohre kleine Muscheln auf einen Vogelbalg
ab, der neben der Pritsche auf der Erde lag. Alle Anwesenden riefen dazu im Chor. »Bemaudizih! Bemaudizih! Bemaudizih!« –
»Leben! Leben! Leben!« Und wieder ereignete sich etwas Sonderbares. Unter den Geschossen erwachte der Vogelbalg zum
Leben, wiederhergestellt durch einen Akt, der eigentlich den
Tod bringt. Unter triumphierendem Gesang ließen die beiden
Priester den Vogel zum Himmel auffliegen.

Dann wuschen sie sich, immer noch singend, die Hände in einer
Schüssel mit Wasser. Mit tropfnassen Händen knieten sie vor
dem Feuer nieder und stimmten einen neuen Gesang an: »N'dah
shkotaewimim! N'd'autaetomim shkotae!« – »Wir sind vom
Feuer! Wir löschen das Feuer!« Mit bloßen Händen griffen sie
ins Feuer, häuften sich die Glut darauf und begannen dann,
durch die Hütte zu tanzen. Sie sangen: »N'pottowae/otomee-
mim!« – »Wir sind die Hüter des Feuers!« Und sie tanzten weiter,
bis die Glutstückchen erkaltet und zu Asche geworden waren.

Das Ritual der Danksagung

Es war längst Nachmittag, die Luft kühl geworden, als Tikumiwaewidung sich endlich von seinem Platz erhob. Er führte einen Zug von Priestern und Kandidaten für die Neuaufnahme in die Gesellschaft an; die Prozession verließ die Hütte und machte erst am Dorfrand halt, wo Tikumiwaewidung ein Maiskorn in die Erde setzte. Das war der Teil der Zeremonie, an dem das ganze Dorf teilnahm. Tikumiwaewidung sagte:

> *Manitouwih meenkaunaehnse.*
> *Neegiwin manitouwun.*
> *Meenkaunaehnse w'dah kikinowauzinowaun abinoodjeehn.*
> *Meenkaunaehnse manitouwih, w'dah mashki-akeewih.*
> Der Same ist ein Mysterium.
> Ein Mysterium das Wachstum.
> Der Same symbolisiert ein Kind.
> Der Same ist ein Mysterium, er wird heilen.

Nun begann das Festmahl. Sie aßen das Fleisch von Biber, Elch und Bisamratte; sie aßen Weißfisch, Forelle und Hecht, Mais und getrocknete Früchte. Auch dieser festliche Schmaus hatte seinen tieferen Sinn. Er bewies nicht nur das Können der Jäger und der Frauen, sondern barg auch das Versprechen eines guten Winters. Beim Essen plauderten die Dorfbewohner von der Ernte und vom Fischfang des vergangenen Sommers, von den Hirsch- und Elchherden, die sich jetzt in den Wäldern aufhielten. Sie spachen von den Anzeichen, die einen milden Winter verhießen. Es war ein fröhliches Gelage.
Später rauchten die Männer und Frauen, und die Jungen und Mädchen schafften weiteres Holz für das große Feuer herbei. Dann setzte man den gewaltigen Scheiterhaufen in Brand, und die Trommler holten eine große Trommel, die sie am Feuer so lange stimmten, bis Spannung und Klang gerade richtig waren. Beim ersten Schlag, mit dem auch der Gesang der Trommler ein-

setzte, erhoben sich alle Männer und Frauen und bildeten einen großen Tanzkreis um das Feuer. Der Kreis setzte sich um die knatternden und lodernden Flammen in Bewegung. Die Frauen tanzten mit sanft schwingenden Bewegungen, die Männer mit kraftvollen Gebärden – alle jedoch im Rhythmus der Trommel. Sie ertönte wie der Herzschlag des Lebens, und der Tanz dauerte an, bis die Trommler das Ritual der Danksagung beendeten.

Nun konnte sich die Jugend dem Reigen der Älteren anschließen, wie sie ihnen auch im Reigen des Lebens folgte. Natürlich tanzten die Jungen und Mädchen lebhafter, weniger feierlich; sie tanzten aus Freude am Tanzen und zum Vergnügen aller. Oft brachen die Umstehenden in Lachen aus, wenn einer mit einem Tanz die Eigenheiten von Tieren und Menschen überzeichnet darstellte. Unter all den Tänzen, die allein dem Vergnügen dienten – dem Schließ-die-Augen-Tanz, dem Präriehuhntanz, dem Libellentanz, dem Froschpaarungstanz, dem Schwalben-Hungerflug-Tanz, dem Wanderdrossel-Neid-Tanz und vielen anderen –, neigte der Nachmittag sich allmählich dem Abend zu. Erst als die tastenden grauen Schatten sich über das ganze Lager gelegt hatten, fand das Tanzen und Feiern ein Ende.

Die Nachtwache

Für die Mitglieder der Waubunowin war der Tag jedoch noch nicht zu Ende. Noch einmal trat die Gesellschaft in der heiligen Hütte zum letzten Teil der Zeremonie zusammen, die erst im Morgengrauen enden würde.

Als alle wieder ihre Plätze eingenommen hatten, wurde der Geschichtenerzähler des Stammes aufgefordert, den Anwesenden die Geschichte seines Volkes zu berichten. Er sprach vom Beginn aller Dinge in der Vision Kitche Manitus, von der übernatürlichen Herkunft der Anishnabeg. Er sprach von den vier Geistwesen, die gesandt wurden, den Menschen zu helfen, und von den fünf Wasserwesen, die die Güte der Anishnabeg auf die

Probe stellten und sie dann mit Wissen belohnten. Er erzählte seinen Zuhörern, wie die Anishnabeg im ganzen Land Siedlungen entstehen ließen und wie einst eine Schar auf eine lange Wanderschaft ging, um das Land des Sonnenaufgangs zu suchen, und schließlich von der heiligen Muschel in die Heimat zurückgeführt wurde.

Danach wandte der Erzähler sich dem Ursprung und Wesen ihrer Überzeugungen, Bräuche und Rituale zu. Am Ende seines Berichtes sagte er: »Alle Dinge begannen mit einer Vision. Alle Dinge haben ihren Ursprung in der Vision. Doch alle Dinge müssen dann auch noch ins Werk gesetzt werden. Alles, was ist oder entsteht oder erzeugt oder geschaffen wird – alles ist das Ergebnis eines Tuns oder Ausführens. Selbst die Vision ist nicht ohne Voraussetzung: wir müssen sie suchen. Wir müssen Visionen und Träume suchen und unsere Träume dann leben.« Es war sehr spät, als der Geschichtenerzähler endigte. Draußen war es stockfinster und kalt – Zeit, das Leben selbst zu betrachten. Jetzt würden die ältesten Mitglieder der Waubunowin, die am längsten gelebt hatten und das Leben am besten verstanden, die jüngeren unterweisen.

Es waren ihrer acht, vier alte Männer und vier alte Frauen. Sie hatten die Leiden und Triumphe des Menschseins in so vielen Formen mit angesehen oder selbst erfahren, daß man ihnen Weisheit und die Tugend der Geduld zuschrieb. Sie besaßen etwas, das sehr selten und kostbar war, etwas, das alle anderen Mitglieder der Gesellschaft auch zu erlangen hofften. Sie besaßen das lange Leben, das Geheimnis des Weiterlebens, von Kitche Manitu für das Bestehen vieler Prüfungen verliehen. Ihre Erfahrung und die Tatsache, daß sie alles überlebt hatten, machte ihre Worte glaubwürdig und heiligte sie. Und so vermittelten sie ihre Weisheit nicht mit Moralpredigten und Ermahnungen, sondern erzählten einfach Geschichten und gebrauchten die Worte, mit denen sie selbst unterwiesen worden waren. Alle Geschichten enthielten ihre eigene Wahrheit, und jeder Zuhörer mochte soviel von ihrem Sinn erfassen, wie sein Herz und sein Verstand erlaubten. Anleitung zu geben, das bedeutete ermuntern und den Weg zeigen. So hieß es auch: *Betrachte den Sonnenuntergang, er sagt den Morgen voraus.*

In Wahrheit gab es nur eine einzige Geschichte, die Geschichte des Lebens, die mit ihren vielen Episoden den Pfad des Lebens schilderte. Von diesem Pfad sprach Tikumiwaewidung, als er die Geschichten der Alten einleitete.

»Das Leben«, sagte er, »ist wie ein Same. Es beginnt in der Erde, klein, unsichtbar, unhörbar; aber es ist da. Erst wenn eine Zeit vergangen ist, wenn es bereit ist, tritt es hervor. Erst im Frühjahr, wenn der Schnee abgetaut ist und die Sonne wieder wärmt, bricht es hervor. Und dann wächst es zu einer Pflanze heran, von der Erde genährt, von der Sonne gewärmt und vom Regen getränkt. Same wird Pflanze. Es ist ein Mysterium.

Das menschliche Leben ist wie ein Maiskorn. Das Korn bringt sich nicht selbst hervor und wird nicht von selbst zur Pflanze. Es muß in die Erde gesetzt und gegossen werden. Und wenn es aufkeimt, muß es gehegt werden, bis es selbst wieder Frucht tragen kann. So ist es auch mit einem Kind. Ein Kind muß ernährt, bekleidet und behütet werden, bis es all diese Dinge selbst tun kann. Und wie ein Maiskorn in guten Boden gesät werden muß, so muß dem Kind ein Pfad gezeigt werden, dem es folgen kann.

Jeder von uns hat solch einen Pfad; die Alten nannten ihn ›Pfad des Lebens‹. Er windet sich aufwärts und abwärts über vier steile Hügel hin. Unterwegs gibt es Fallen: Windigos, Große Schlangen, Feuerwände, süß schmeichelnde Wassernixen, höhnende Krieger, karminrote Schwäne, gute Hütten und reiche Jagdgründe. Die Geschichten, die wir heute nacht hören werden, handeln von Männern und Frauen, die nicht in diese Fallen gingen, sondern dem Pfad treu blieben, den die Vision ihnen offenbart hatte. Sie zitterten angesichts der Windigos, aber gaben nicht auf; es graute ihnen vor den Großen Schlangen, doch sie erschlugen sie. Sie schwankten angesichts des Feuers und gingen doch hindurch; sie vernahmen die lockenden Stimmen der

Nixen und ließen sich nicht irremachen. Sie ließen sich verhöhnen, ohne Rache zu nehmen; sie sahen das Wunderbare, ohne sich ablenken zu lassen. Und mochten Behaglichkeit und Überfluß noch so locken, sie setzten ihren Weg fort. Solchen Männern und Frauen ist ein langes Leben geschenkt worden.
Und nun wollen wir unseren Älteren lauschen.«
Nacheinander erzählten die acht alten Männer und Frauen Geschichten von vorbildlichen Beispielen menschlicher Lebensführung. Und als sie damit zu Ende waren, zeigte sich bereits das erste Morgenlicht am Himmel. Tikumiwaewidung, der die Erzählungen der Alten mit eigenen Worten verbunden hatte, wie es dem Leiter der Zeremonie zustand, ergriff nun noch einmal das Wort, um die Zeremonie abzuschließen.
»Das Leben begann mit einer Vision«, sagte er. »Kitche Manitu sah. Kitche Manitu schuf. Und was Kitche Manitu erschuf, wird er eines Tages beenden. Unsere Alten sagen, erneut werde dann das Wasser die Erde bedecken wie in den Tagen, bevor die Anishnabeg kamen. An diesem Tag werden alle Dinge ein Ende nehmen.
Kitche Manitu! Zeige uns den Weg, nenne uns den Weg. Wir mögen straucheln, aber wir werden uns wieder fangen. Und wenn wir – zu guter Letzt – alles tun, was recht ist, so gewähre uns langes Leben und Frieden des Herzens.«
Dann wandte er sich der Pritsche zu, auf der die alte Frau lag. Er sagte ihr, selbst wenn sie sterben müsse, gebe es keinen Grund, sich zu fürchten. Ihr Tod wäre dann der Wunsch Kitche Manitus, und sie würde auf die Reise gehen zu ihren Eltern und allen, die sie geliebt hatten. Im Land der Seelen würde sie ewigen Sommer und ewiges Glück finden, denn dort gab es weder Mühsal noch Schmerz noch Kummer. Ein großes Fest erwarte sie dort bei ihrer Ankunft.
Es gab jedoch eine Möglichkeit, herauszufinden, ob sie sterben würde oder nicht. Bevor ein Geist ins Land der Seelen gelangt, muß er den Pfad der Seelen entlangwandern. Der Geist eines Menschen, der dem Tod nahe ist, kann diesen Pfad beschreiten;

wird er jedoch durch das Gezisch der wirklich Gestorbenen vertrieben, so erwartet ihn der Tod noch nicht.

Tikumiwaewidung fragte die alte Frau, ob sie während der Zeremonie das Zischen der Geister gehört habe. Nach kurzem Zögern nickte sie. Tikumiwaewidung erhob seine Hände. »Das ist gut!« sagte er. »Wer die Geister gehört hat, lebt lange. Wir sind froh. Deine Familie wird froh sein. Schlaf jetzt. Ruh dich aus.« Dann wandte er sich der Versammlung zu. »Es wird Zeit zu gehen. Bis wir uns wiedersehen.«

Und die Gesellschaft der Morgendämmerung verließ die heilige Hütte.

Die alte Frau erholte sich, wie Tikumiwaewidung gesagt hatte, und sie lebte noch zehn weitere Jahre. Sie hatte den Pfad der Seelen gesehen und war von den Geistern zurückgewiesen worden. Sie besaß jetzt etwas Mächtigeres als Medizin: die Kraft, sich aus dem Land der Lebenden auf den Pfad der Seelen und wieder zurück zu versetzen. Bis ans Ende ihrer Tage brachte man die Kranken zu ihr, und sie empfingen die heilende Kraft ihrer Berührung.

Das Totenritual
Pigidaendijigewin

Der Tod eines Kriegers

Zhawaeshk (Dolch) war tot. Er war ein berühmter Krieger in Mishi-Waub-Kaikaiks Dorf gewesen, doch auf seinem letzten Kriegspfad war er tödlich verwundet worden. Selbst wenn er sich noch einmal erholt hätte, wäre er für den Rest seines Lebens ein Krüppel gewesen, und so nickten die Leute nur, als sich die Nachricht von seinem Tod verbreitete. »Es ist gut so«, sagten sie. »Er war ein so stolzer Krieger; niemals hätte er sich damit abgefunden, für den Rest seines Lebens von anderen abhängig zu sein. Nun ist sein Leiden vorüber. Es ist gut so.«

Doch für Zhawaeshks Familie war es nicht gut. Es war traurig, seine Frau, Zhauwoonoquae (Frau des Südens), so von Gram gebeugt zu sehen und zu hören, wie sie um ihren Lebensgefährten jammerte. Es war traurig, die Bestürzung in den Blicken seiner Söhne zu sehen und seine Töchter wehklagen zu hören. Zhawaeshk war in Würde gestorben, doch seine Familie war nun allein.

Zwei Frauen des Dorfes kamen, um den Leichnam herzurichten. Sie wuschen Zhawaeshk, flochten ihm das Haar und legten ihm seine Kriegerkleidung an. Sie brachten seine persönlichen Besitztümer herbei: seine Waffen und die Pfeife, seinen Tabak, die Feuersteine und den Zunder, eine Decke, einen kleinen Behälter aus Birkenrinde, eine Holzschale und einen Holzlöffel. Zhawaeshk war zu einer weiten Reise aufgebrochen. Er würde diese persönlichen Dinge brauchen, wenn er von diesem Leben aufbrach und auf dem Pfad der Seelen ins Land der Seelen wanderte. Er mußte außerdem für das Fest der Seelen, das man dort ihm zu Ehren feiern würde, vorbereitet sein.

Zhawaeshk war ein Krieger gewesen. Als Krieger war er gestorben, als Krieger würde er ins Land der Seelen eingehen, und als Krieger sollte er dort unter den Seinigen leben. Und so war es angemessen, ihn nach einem uralten Brauch in seine Kriegertracht zu kleiden.

Der Ursprung der Totenkleidung

Einst wurde eine Frau von heftigem Fieber ergriffen, und sie wurde so krank, daß die Leute, die sie pflegten, sie für tot hielten. Der Geist der Frau verließ ihren diesseitigen Körper und beschritt den Pfad der Seelen. Sie wanderte, bis sie einen Hügel erreichte, der an einer Seite zum Fluß hin abfiel. Hier wurde sie von einem alten Mann angehalten, dem Hüter des Eingangs zum Land der Seelen.

»Die hier eintreten, müssen in der rechten Weise gekleidet sein«, sagte der Alte zu ihr. »Sind sie es nicht, werden sie auch nicht eingelassen. Schau!«

Die Frau betrachtete den Zug der Geister und schaute sich an, wie sie gekleidet waren. Hin und wieder machte der Hüter sie auf diesen oder jenen Geist aufmerksam.

»Dort!« sagte er. »So müssen Medizinmänner und Medizinfrauen gekleidet sein.« Er deutete auf eine tanzende Frau mit geflochtenem Haar. Auf jeder Wange trug sie einen braunen Punkt, durch den ein leuchtendroter Querstrich gezogen war. Über dem linken Arm trug sie ihr Medizinbündel. Alle ihre Kleidungsstücke – Mokassins, Kleid und Umhang – waren braun mit roten Streifen. Auch ihre persönlichen Besitztümer waren braun: die Schale, der Löffel, die Näh- und Kochutensilien und ihre Decke. Hinter der tanzenden Medizinfrau kam ein Medizinmann. Er trug seine besten Kleider und dazu Pfeife, Tabak, Feuerstein, Zunder, ein kleines Kochgefäß, eine Eßschale und einen Löffel. Auch seine Kleider waren von einem satten Braun.

»Dort!« sagte wieder der Hüter. »Auch er muß zeigen, wer er war.« Diesmal deutete er auf einen Krieger, der seine Triumphe noch einmal tanzend durchlebte. Die Federn seines Kopfschmucks flatterten und die Muscheln an seinen Fußreifen rasselten, als er von seinen Taten berichtete. In der Hand trug er seine Kriegskeule, und an seinem Hüftgurt hingen ein Vorratsbeutel und andere persönliche Dinge – alles, was er brauchte. Neben ihm war ein Kind, das manchmal lief und manchmal halt machte, um einen Schmetterling zu betrachten; in seinem ganz eigenen Schrittempo ging es seinen eigenen Weg. Der Junge trug einen Lendenschurz, den Beinschutz und einen Mantel, an den Füßen Mokassins. Sein Haar war ordentlich geflochten, und bei sich hatte er einen kleinen Bogen mit Pfeil, eine kleine Eßschale und ein Löffelchen. Sooft er sich niedersetzte, spielte er das Knochen-und Ring-Spiel oder das Pflaumenkernspiel.

»Warum haben die Sohlen seiner Mokassins Löcher?« fragte die Frau.

»Kinder, die herumlaufen, haben Löcher in ihren Mokassins«, erklärte der Hüter. »Nur wenn sie unfähig sind zu laufen, haben sie Mokassins ohne Löcher. Es ist die Natur und Bestimmung der Kinder zu laufen und zu spielen – das ist für sie viel besser, als hilflos dazuliegen. Wenn sie hilflos ins Land der Seelen gelangen, werden sie hier auch hilflos sein. Können sie aber laufen und springen, wenn sie hier ankommen, so werden sie spielen – und Löcher in den Mokassins haben.«

Schließlich verließ die Frau den Hüter, und ihr Geist kehrte in ihren Körper zurück. Sie erholte sich von ihrem Fieber und berichtete den Leuten von ihrer Vision. Von da an kleideten sie ihre Toten so, wie jene Frau es im Land der Seelen gesehen hatte.

Vorbereitung auf die erste Unterweisung

Die beiden Frauen aus dem Dorf waren nun mit ihrer Arbeit fertig. Zhawaeshk lag mit seinem zeremoniellen Kopfschmuck und dem Brustschild auf einer Bahre, das Gesicht in der Weise bemalt, wie er es früher zu tun pflegte, wenn er auf den Kriegspfad ging. Neben ihm lagen seine Waffen und seine Habseligkeiten. Eine der Frauen beugte sich über ihn und schnitt ihm eine Locke ab. Sie schlug sie in Birkenrinde ein und gab sie Zhauwoonoquae.

Dann erschien Mishi-Waub-Kaikaik, der als Mitglied des Vierten Ranges der Midewewin die Totenzeremonie leiten würde. Er setzte sich neben den Leichnam zu Zhawaeshks Vater und Mutter, seinen Brüdern und Schwestern. Auf der anderen Seite der Bahre saßen Zhauwoonoquae und ihre Kinder. Mishi-Waub-Kaikaik sang:

> *K'neekaunissinaun, k'd'ninguzhimim.*
> Unser Bruder, du verläßt uns.

> *K'neekaunissinaun, k'maudjauh.*
> Unser Bruder, du brichst auf.

> *K'neekaunissinaun, k'cheeby/im.*
> Unser Bruder, dein Geist.

> *K'neekaunissinaun, neewi-goon cheeby-meekunnuh.*
> Unser Bruder, vier Tage auf dem Pfad der Seelen.

> *K'neekaunissinaun, waukweeng k'd'izhau.*
> Unser Bruder, ins Land der Seelen bist du unterwegs.

Mishi-Waub-Kaikaik schwieg. Jetzt würde er zu Zhawaeshks Geist-Seele sprechen. Sie war da, unsichtbar, aber sehend, unhörbar, aber hörend, unfühlbar, aber fühlend. Von ihrer stofflichen Gestalt getrennt, hielt sie sich doch in der Nähe des Körpers auf und löste sich ganz langsam ab, während sie sich von Geist-Seele (cheejauk) zu Geist (cheeby) wandelte. Man sagte, es dauerte vier Tage, bis diese Wandlung abgeschlossen sei und der Geist in sein neues Leben eintreten könne. Vier Tage brauchte die Geist-Seele, um vom Land der Lebenden ins Land der Seelen zu gelangen.

Und Mishi-Waub-Kaikaik sprach.

Der Pfad des Lebens

Unsere Ahnen lehrten uns – und die Midewewin lehrt uns –, daß es ein Land der Seelen gibt. In diesem Land gibt es keine Krankheit und keinen Hunger, keinen Kummer, keinen Zorn, keinen Neid. Es ist ein Land des Friedens, von Menschen des Friedens bewohnt. Fülle und Trost und Freude finden sie dort. Unsere Ahnen sagen uns, daß nur Männer und Frauen des Friedens dort eintreten dürfen. Andere werden Not, Unglück und Krankheit in diesem Leben zu erdulden haben. Oder sie werden von dem Fluß verschlungen, der das Land der Lebenden vom Land der Seelen trennt.

Und die Midewewin sagt uns, was der Pfad des Lebens ist: Wir müssen Kitche Manitu ehren und ihm für das Leben danken – für die Winde, die Sonne, die Wasser und für das Land, auf dem wir leben.

Wir müssen unsere Alten ehren, denn sie sind die Empfänger von Kitche Manitus großem Geschenk des langen Lebens. Wenn sie langsam und schwach sind und manchmal gebrechlich, müssen wir sie ernähren, ihnen helfen, ihnen zuhören und geduldig sein. Es ist auch unsere Bestimmung. Eines Tages werden auch wir alt sein.

Wir müssen unsere älteren Brüder ehren – den Wolf und den Bären, den Adler und die Wanderdrossel, die Schlange und die Schildkröte, den Schmetterling und die Schnecke, den Weißfisch und die Forelle. Wir müssen die Rose und den Mais ehren. Von ihnen allen beziehen wir unsere Nahrung und unsere Kleidung. Behandelt sie gut, damit sie euch erlauben, sie zu nehmen, wenn ihr sie braucht. Ihr werdet nie bedürftig sein. Sie werden euch versorgen.

Wir müssen die Frauen ehren – unsere Großmütter und Mütter, unsere Frauen, unsere Schwestern und alle übrigen. Sei gut zu deiner Frau. Sie ist deine Gefährtin und Freundin auf dem Pfad des Lebens. Sorge für sie, und sie wird für dich sorgen. Tröste sie, ermuntere sie, sprich gut von ihr und ihren Schwestern.

Wir müssen unsere Versprechen und Zusagen halten. Wenn wir zusichern, etwas für einen anderen zu tun, so muß unserem Wort die Tat folgen, denn sonst sind wir unaufrichtig. Wenn wir eine Vision empfangen, müssen wir sie leben, denn sonst sind wir ihr untreu. Ohne Wahrhaftigkeit sich selbst und anderen gegenüber gibt es kein Vertrauen.

Wir sollen gütig sein zu jedermann. Kinder, die auf ihre Eltern hören – das ist Güte. Eltern, die ihre Kinder lehren – das ist Güte. Ein Jäger, der Alten und Witwen von seiner Jagdbeute abgibt, das ist Güte. Eine Medizinmann, eine Medizinfrau, die Kranke heilen, das ist Güte. Eine Frau, die einem Fremden zu essen gibt, das ist Güte. Ein Mann, der einem Fremden Unterkunft gewährt, das ist Güte. Tut etwas für eure Leute. Benutzt eure Gaben und eure Träume für das Gute.

Wir sollen friedfertig sein. Dunkle Träume erzeugen weitere dunkle Träume und umwölkte, schwere Gedanken. Verquere Gedanken lassen heftige Leidenschaften aufwallen, kochenden Leidenschaften folgen flammende Worte nach, und brennende Worte erzeugen Wunden und schlechte Taten. Mäßigt eure Gedanken, eure Leidenschaften, eure Worte, eure Taten. All das ist schwer zu erreichen. Aber wir müssen nach dem Frieden des Herzens in diesem Leben streben und nach dem Frieden der Seele im nächsten.

Wir sollen mutig sein. Je mehr ihr wißt, desto mehr vertraut ihr und desto weniger fürchtet ihr. Ein Junge fährt erschrocken auf, wenn er das erstemal des Nachts einen Wolf heulen hört. Seine Großmutter sagt ihm: »Es ist nur ein Wolf. Er spricht, höre ihm zu. Eines Tages wirst du den Wolf verstehen.« Und die Furcht des Jungen legt sich, weil er zu verstehen beginnt und weil er seiner Großmutter vertraut. Ein Mädchen schreckt furchtsam zurück, wenn es das erstemal eine Schlange sieht. Die Mutter sagt zu ihr: »Die Schlange hat nichts Böses im Sinn. Sie sucht nur nach Nahrung für ihre Kleinen.« Und das Mädchen verliert seine Furcht vor der Schlange, wenn es etwas über sie erfährt. Wenn ihr im Frieden lebt und daran denkt, daß euer Totem und Schutzgeist über euch wachen, werdet ihr mutig sein.

Und zu guter Letzt sollen wir maßvoll in unseren Träumen, Gedanken, Worten und Taten sein. Wir sollen uns nie zu sehr einer Sache hingeben und dafür andere vernachlässigen. Spielt nicht zuviel, schlaft nicht zulange. Eßt nicht zuviel, sprecht nicht zu häufig. Hört zu und schaut hin. Eines Tages werdet ihr weise sein.

Der Ursprung des Begräbnisrituals

Nach diesem ersten Teil der Zeremonie zog Mishi-Waub-Kaikaik sich zurück. Später würde er wiederkommen, um seine zweite Unterweisung zu geben. Eine Gruppe von Männern verließ ebenfalls die Versammlung, um in einem nahegelegenen Wäldchen ein Grab auszuheben. Die Familienangehörigen und die Frauen des Dorfes blieben zur Totenwache, jammernd und klagend. Zhawaeshks Frau und Mutter strichen ihm über Haar und Stirn und streichelten seine Hände, um ihn zu trösten.

Die Alten sagten, die Geist-Seele eines Menschen könne auf vier verschiedenen Ebenen existieren. Auf der ersten Ebene gab sie dem Körper Leben und Bewegung und besaß selbst Empfindungsfähigkeit und Bewußtsein. Auf der zweiten Ebene, etwa im Schlaf, blieb die Seele im Körper, während der Geist sich frei bewegte: er durchmaß Raum und Zeit, hielt sich in Vergangenheit, Gegenwart und Zukunft auf und weckte den Körper, wenn er zu ihm zurückkehrte. Auf der dritten Ebene verließ der Geist den Körper, um in einer anderen Dimension ein anderes Dasein zu beginnen; dies geschah, wenn der Körper durch Verletzung, Feuer oder Krankheit schweren Schaden erlitt. Die vierte und letzte Ebene war die Existenz im Land der Seelen. Zhawaeshk befand sich jetzt noch auf der dritten Ebene.

Es gab eine Geschichte von einem Mann namens Beedut (Nahender Sturm), der auf dieser Ebene gewesen war, aber zurückkehrte und Anweisungen darüber mitbrachte, wie die Leute ihre Toten begraben sollten.

Beedut versammelte eine Schar von acht Kriegern um sich. Der Medizinmann hatte vor dem Unternehmen gewarnt, doch Beedut blieb dabei: er wollte seine Männer ins Land der Dakota führen, um sich dort durch einen Überfall auf feindliche Krieger Ruhm und Ehre zu erringen.

In einem Wald unweit des Dorfes der Dakota versteckten sich Beedut und seine Krieger im Dickicht der Kiefern und Zedern. Dann schickte er drei Krieger aus, die die Dakota in einen Hinterhalt locken sollten. Und wirklich setzten bald die Dakota den Lockvögeln nach, direkt auf die Falle zu. Es waren zwölf Feinde. Als sie genau zwischen den Linien der Anishnabeg waren, senkte Beedut die erhobene Hand und gab damit das Zeichen zum Angriff.

Doch bevor er seinen Kriegsschrei ausstoßen konnte, fühlte er ein Feuer im Rücken. Der brennende Schmerz erstickte den Schrei in seiner Kehle und raubte ihm alle Kraft. Er sank nach vorn auf den Boden, und alles um ihn her verschwamm. Die Schreie seiner Gefährten waren wie fernes Echo. Der Wald verschwand. Wirklichkeit war nur noch das entsetzliche Feuer in seinem Rücken, und er wand sich unter Qualen, um es abzustreifen. Endlich wurde auch dieses Feuer blaß und undeutlich wie alles andere, und Beedut empfand eine Art Schweben. Er sank leicht wie eine Feder, sank durch dunkle, endlose Leere.

Nach und nach hob sich die Finsternis, und bald tauchte er in neues Licht ein. Er war in eine andere und neue Wirklichkeit eingetreten. Er stand am Pfad der Seelen.

Vor sich sah er den endlosen Zug der Geister, Männer und Frauen, die von links nach rechts vorbeigingen. Von überallher stießen weitere Geister dazu, um sich einzureihen. Staunend starrte Beedut diese Prozession an, und dann, von irgendeiner Kraft gedrängt, trat er vor, um sich ebenfalls einzureihen. Doch die Männer und Frauen wandten sich voller Abscheu gegen ihn. »Besiegt!« zischten sie. »Liegengelassen!« Er war nicht ihresgleichen.

Beedut floh und trat wiederum in eine neue Ebene der Wirklichkeit ein. Hier konnte er sehen und hören und riechen, aber nicht fühlen. Er sah die Bäume und die Wolken und die Erde. Er hörte den Wind rauschen und die Vögel singen. Er roch den frischen Duft des Waldes. Alles nahm er wahr, wie er es aus seinem Leben kannte – nur konnte er jetzt nichts mehr berühren, ertasten und fühlen. Dies war die dritte Ebene.

Auf dem Boden unter sich sah Beedut einen Körper liegen. Er war verkrampft und verrenkt, das Gesicht auf die Erde gepreßt. Drei Pfeile staken in seinem Rücken, und das Blut quoll aus den Wunden. Der ganze Körper war von einer blauen Flamme eingehüllt, einem wabernden, strömenden blauen Feuer. Doch dieses Feuer versengte weder den Körper noch die trockenen Blätter auf dem Waldboden. Staunend betrachtete Beedut das Bild, das sich ihm bot. Der Körper, die Bäume, alles hätte eigentlich schwarz und verkohlt sein müssen.

Etwas weiter weg lag noch ein Körper, die Keule noch in der Hand. Über das verzerrte Gesicht strömte Blut aus einer furchtbaren Wunde, in Brust und Armen staken zahllose Pfeile. Auch dieser Körper war von Feuer umhüllt, doch die Flammen leuchteten rot und golden. Sie leckten an dem Leichnam entlang und verzehrten das Fleisch, die Fasern, das Mark. Sie trachteten alles zu vernichten.

Beedut wollte seinen Blick gerade von diesem Zerstörungswerk abwenden, als ihm die Muster auf der Kleidung des Toten auffielen. Sie kamen ihm bekannt vor ... auch die Markierung der Kriegskeule erschien ihm vertraut. In jähem Entsetzen erkannte

Beedut seinen Freund und Gefährten. Einer der Männer, die er aufgefordert hatte, ihn auf den Kriegspfad zu begleiten, wurde vor seinen Augen vom Feuer verzehrt.

Nun starrte er erneut den anderen Körper an. Das Gesicht konnte er nicht sehen, doch erkannte er jetzt die Kleidung und die Waffen. Es waren seine! Sein eigener Körper lag da niedergestreckt auf der Erde. Er, Beedut, schaute sich selbst an. Zum erstenmal sah er seinen ganzen Körper.

Völlig gebannt von diesem Anblick, wurde Beedut zuerst von heiliger Scheu, dann von Furcht ergriffen. War es eine Vision? Wie konnte er von seinem Körper getrennt sein, wenn dieser Körper doch ein Teil von ihm war und er ein Teil dieses Körpers? Und ganz allmählich dämmerte ihm, daß es keine Täuschung war. Es war wirklich sein eigenes Fleisch, das da vor ihm lag, regungslos und von Pfeilen durchbohrt. Irgendeine Kraft hatte ihn daraus vertrieben, und eine andere geheimnisvolle Macht ließ ihn seiner Sinne mächtig bleiben. Während er seinen Körper so von außen betrachtete, ging ihm auf, daß er etwas anderes geworden war, eine andere Art Wesen von einer anderen Art Stoff. Nur wenn er sich wieder mit seinem Körper vereinigen konnte, würde er wieder ein Mensch sein.

Mit grimmiger Entschlossenheit, der eisblauen Glut nicht achtend, warf er sich auf seinen Körper. Doch immer noch konnte er nichts fühlen, und zum zweitenmal wurde er von vollkommener Finsternis überwältigt, verlor das Bewußtsein und wurde, leicht wie eine Feder, in die schwarze Leere hineingesogen. Als das Licht wiederkehrte, stand er wie zuvor neben seinem Körper, abgewiesen von seinem eigenen Fleisch, seiner eigenen Gestalt.

Voller Trauer um den Körper, den er verlassen hatte, rief Beedut sich die Ereignisse ins Gedächtnis zurück, die dazu geführt hatten, daß dieser Körper nun dort im Laub lag. Nicht er und seine Krieger hatten dem Feind aufgelauert – sie selbst waren überfallen worden. Nicht Sieger waren sie, sondern Besiegte. Beedut hatte den Rat des Medizinmannes mißachtet und den Ruhm über die Sicherheit seiner Männer gestellt, was seinem Ruf schweren Schaden zufügen würde. Doch schlimmer noch als die Niederlage und die Schmach war der Umstand, daß man ihn einfach liegen ließ. Er und sein gefallener Kamerad waren von den anderen den Schmähungen der Feinde oder den Krähen und Würmern überlassen worden. Ein Kriegshäuptling, der es an Umsicht mangeln ließ – nun lag er da, vergessen und entehrt. Zornbebend wandte Beedut sich von seinem Körper ab und machte sich auf, seine überlebenden Krieger zu suchen. Er würde sich an ihnen rächen für die Art und Weise, wie sie ihn behandelt hatten. Unterwegs bemerkte er, daß er die Geist-Seelen der Tiere und Vögel sehen konnte. Selbst die Bäume erschienen ihm durchsichtig. Doch der Zorn ließ nicht zu, daß er sich bei solchen Dingen aufhielt. Er kam an den Dakota-Kriegern vorbei, die sich in Siegesstimmung auf den Heimweg machten, aber sie interessierten ihn weit weniger als seine eigenen Männer. Drei weitere seiner Kameraden sah er gebrochen und blutend daliegen, doch auch dieser Anblick milderte seine Erbitterung nicht. Er war nur auf Rache aus.

Endlich erreichte er die vier Überlebenden. Unter die Bäume gekauert, stöhnten sie vor Schmerzen und versuchten ihre Wunden mit Hirschhaut zu verbinden. Beedut schritt direkt auf seinen Vetter zu, der den Ruf eines grimmigen Kriegers besaß. »Warum bist du fortgelaufen?« schrie er. »Weshalb hast du nicht gewartet? Weshalb hast du mich dem Gezänk der Krähen und der Verachtung der Geister überlassen?« Die bohrenden Fragen stürzten nur so aus seinem Mund, doch der Vetter schien sie nicht hören zu können. Er kümmerte sich weiter um seine Wunden, als beachtete er Beedut absichtlich nicht.

»Warum hast du mir nicht geholfen?« schrie Beedut wieder. »Warum gehst du nicht zurück und suchst mich?« Und als sein Vetter nur erschöpft die Augen schloß, schlug Beedut ihm mit aller Kraft ins Gesicht.

Doch anstatt zur Seite zu taumeln, erschauerte der Vetter nur. »Hast du auch diese plötzliche Kälte gespürt?« raunte er dem

Krieger an seiner Seite zu.»Oder sind es nur meine Wunden...«
Beedut fuhr erschrocken zurück, und da begriff er plötzlich, daß
er zwar seine Gefährten sehen und hören konnte, sie hingegen
nichts von seiner Anwesenheit wußten. Es gab eine Schranke
zwischen seiner Daseinsebene und der Welt der Lebewesen,
über die hinweg kein Austausch, keine Verständigung möglich
war. Aber er mußte sich irgendwie seinen Leuten mitteilen,
sonst bliebe ja sein immer noch lebendiger Körper dem Wetter
und den Tieren überlassen! Nach dem Tod würden seine Knochen im weiten Umkreis verstreut werden, und er würde niemals
Gelegenheit bekommen, seine Niederlage wettzumachen; ein
Makel würde an seinem Namen haften, und nur verstohlen flü-
sternd würde man sich seiner erinnern.
Entmutigt kehrte Beedut zu seinem hingestreckten Körper
zurück. In den Bäumen ringsumher sah er jetzt die schwarzen
Schatten wartender Krähen. Wieder mühte er sich, in sein
Fleisch zurückzukehren und es mit neuem Leben zu erfüllen –
und diesmal gelang es ihm beinah. Er vermochte wieder etwas
zu fühlen. Er spürte die Pfeile in seinem Rücken, die aus-
gedörrte, brennende Kehle. Der Schmerz überwältigte ihn und
schleuderte ihn zurück in die Finsternis.

Als sein Geist zum drittenmal auf der dritten Ebene erwachte,
spürte er etws Sonderbares. Es war, als würde er von etwas gezogen und gerufen. Eine Kraft zog ihn von der Stelle fort, an der
sein Körper lag. Ohne zu wissen, was diese Kraft war, gab Beedut
bereitwillig nach.
Er fand sich in ein Dorf versetzt, das er wiedererkannte. Er
wurde vor die Hütte geführt, die sein Zuhause war. Drinnen
hatte sich seine Familie versammelt, die Männer mit geschwärzten Gesichtern, die Frauen kummervoll wehklagend. Beedut
hätte sie alle gern umarmt. Er hätte so gern mit ihnen gesprochen. Vor allem aber wollte er an der Seite seiner Frau sein. Er
näherte sich ihr und flüstere etwas, doch sie hörte ihn nicht. Er
faßte sie an, doch die Berührung ließ sie nur erschauern wie von

einem kalten Luftzug. Trostsuchend drängte sie sich an ihre Mutter.

»Still«, sagte ihre Mutter. »Still. Er ist tot. Niemand kann ihm mehr helfen.«

»Aber ich möchte ihn wiederhaben«, rief Beeduts Frau. »Er ist mein Mann. Er gehört hierher. Wenn ihr ihn dort draußen laßt, werde ich selbst zu ihm gehen.«

»Still«, erwiderte die Mutter. »Du kannst nicht gehen. Wenn aber der Leichnam deines Mannes dir so wichtig ist, so werden dein Vater und dein Onkel gehen.«

Die Liebe seiner Frau war es, die Beedut vom ziellosen Umherirren zwischen dem Land der Lebenden und dem Land der Seelen erlösen würde. Mit neuer Hoffnung und neuer Kraft suchte Beedut abermals seinen Körper auf und versuchte ein drittes Mal, in ihn zurückzukehren. Diesmal wurde er von seinem Fleisch nicht abgewiesen, und er trat in die Dunkelheit ein und träumte. Er begegnete einem Geist, der ihm sagte, er sei nicht so beerdigt worden, wie es einem Krieger anstehe, und deshalb habe er umherirren müssen. Ein Krieger, sagte der Geist, muß in sitzender Haltung, nach Westen gewandt, beerdigt werden. Er muß seine Kampfkleidung tragen und seine Waffen griffbereit zur Seite haben, so als sei er jederzeit kampfbereit. Die Anishnabeg, mahnte er, dürfen es niemals unterlassen, ihre Toten zu beerdigen. Vier Tage lang müsse ein Feuer auf dem Grabhügel brennen. Die Flamme würde die Geist-Seele wärmen während des Übergangs in einen neuen Zustand und von einer Ebene des Daseins zur nächsten.

Der Suchtrupp fand Beedut dort, wo er zusammengebrochen war. Der Medizinmann, der Beedut vor diesem Kriegszug gewarnt hatte, entfernte die Pfeile aus seinem Rücken und legte Heilumschläge an. Ein paar Tage später kam Beedut wieder zu Bewußtsein. Als er völlig genesen war, erzählte er den Leuten des Dorfes von seiner Wanderschaft und von der Begegnung mit dem Geist. Und die Leute gelobten, das Beerdigungsritual niemals zu vernachlässigen.

Vorbereitung der zweiten Unterweisung

Die Sonne sank, und das Licht wurde schwächer, und immer noch saßen die Trauernden zur Totenwache bei Zhawaeshks Leichnam. Irgendwann kehrten die Männer vom Ausheben des Grabes zurück, und ein Feuer wurde entfacht. Bald darauf stellte sich auch Mishi-Waub-Kaikaik wieder ein. Er nahm seinen früheren Platz ein und begann zu singen:

> *K'neekaunissinaun, zunugut ae-nummook.*
> Unser Bruder, schwierig ist der Weg.

> *K'neekaunissinaun, mino-waunigoziwinning*
> *k'd'weekimmigoh.*
> Unser Bruder, du bist eingeladen ins Glückliche Land.

»Unser Bruder!« fuhr Mishi-Waub-Kaikaik fort. »Bevor du aufbrichst, laß mich dir vom Pfad der Seelen erzählen. Hör gut zu, denn er ist gefährlich! Doch hast du nichts zu fürchten, wenn du den Versuchungen nicht nachgibst.
Du wirst einen Pfad vor dir sehen. Er ist es, den wir den Pfad der Seelen nennen. Er führt von Ost nach West, und wir sehen ihn des Nachts am Himmel. Kineu (Kriegsadler), einer aus unserem Stamm, ging diesen Pfad und kehrte zurück, um uns davon zu erzählen. Hör zu und sieh, wie gut diese Geschichte mit den Erzählungen der Alten übereinstimmt.«

Die Geschichte von Kineu

Es war ein langer Weg bis zum Pfad der Seelen. Als Kineu ihn erreichte, sah er eine lange Reihe von Schatten und Umrissen vor sich. Es waren Geister, grau wie Staub, jedoch in ihren feinsten Kleidern, als gingen sie zu einem Fest. Unter langsamen Tänzen, jeder in seinem eigenen Rhythmus, bewegten sie sich fort.

Kineu wollte sich ihnen anschließen, denn er glaubte dieselbe Bestimmung zu haben wie sie. Doch kaum tat er den ersten Schritt auf die Prozession zu, da zischten die Schatten ihn an. Sie wichen zurück, hielten sich die Augen mit den Händen zu und bedeuteten ihm wegzugehen. Da nahm Kineu einen anderen Pfad, schmaler als der, den die Geister gingen, aber in dieselbe Richtung führend.

Weit voraus erkannte er eine Gestalt. Sofort fiel er in einen ausgreifenden Laufschritt, denn er wollte den Fremden einholen in der Hoffnung, dann einen Weggefährten zu haben. Immer kleiner wurde der Abstand zwischen ihm und dieser Gestalt, und er sah, daß der Fremdling von winziger Statur und offenbar von einer schweren Last tief gebeugt war. Neugierig geworden, verdoppelte Kineu seine Schritte, doch da wandte der kleine Fremde sich um. Als er Kineu erblickte, begann auch er zu laufen, und Kineu mochte sich noch so sehr anstrengen, er konnte ihn nicht einholen. Beschleunigte er seinen Lauf, so tat es die kleine Gestalt auch. Kineu hatte dem Fremden an Schnelligkeit und Ausdauer nichts voraus, und so hätte der Abstand sich wohl nicht verringert, wäre der Fremde nicht plötzlich wieder zu einem normalen Schrittempo übergegangen.

Als Kineu näher kam, entdeckte er, daß er ein Kind von etwa zwei Jahren vor sich hatte. Der kleine Junge ging tief gebeugt unter der Rückentrage, an die er festgebunden war, und er wimmerte beim Gehen. Kineu schaute ihm ins Gesicht. Aus den tränenlosen Augen drang wie von weit, weit her eine unsägliche, stille Traurigkeit. In plötzlichem Mitleid wollte Kineu das Kind

von seiner Last befreien und trösten, doch als er seine Arme ausstreckte, sprang es zur Seite. Zweimal versuchte er es noch, und
zweimal wich der kleine Junge aus. Da ließ er ihm seinen Willen,
die Bürde allein zu tragen.

Ohne Gesellschaft setzte Kineu seinen Weg fort. Zu beiden Seiten des Pfades stand ein üppiger, wunderschöner Wald, und vor
ihm hing dicht über den Wipfeln eine leuchtende Kugel, von
der ein blendendes blaues Licht ausging. Das war das Licht, dem
alle folgen mußten, das Licht, welches ins Land der Seelen führt.
Die auf der Erde lebten, sahen es nachts am nördlichen Himmel.
Doch da war noch etwas anderes, das Kineu in seinen Bann
schlug, das Donnern eines nahen Flusses. Kineu sah ihn nicht,
aber das Tosen seines Wassers war ebenso furchterregend wie
tröstlich. Kineu überließ sich ganz diesem Geräusch. Er fiel in
einen schlendernden Gang. Er blieb stehen. Er ließ die unwider-
stehliche, beruhigende Stimme des Wassers über sich hinrau-
schen … Doch dann erinnerte er sich der leuchtenden Kugel
und machte sich wieder auf den Weg. Und die Stimme des Flusses, stets zu seiner Linken, begleitete ihn.

Nicht lange nach der Begegnung mit dem Kind stieß Kineu auf
ein Lager. Die Leute aßen gerade. Als sie Kineu erblickten, luden
sie ihn ein, sich bei ihnen niederzulassen und an ihrem Mahl aus
Fleisch und Weißfisch teilzunehmen, doch Kineu schlug die
Einladung aus. Irgendeine Kraft drängte ihn weiter.

Wieder ein Stück weiter fand gerade ein Fest statt. Männer und
Frauen sangen und trommelten, tanzten und lachten. Unter
fröhlichem Rufen winkten sie Kineu herbei, doch so gern er ver-
weilt und mitgefeiert hätte, er ging widerstrebend weiter.

Von einer kleinen Lichtung her hörte er die Stimme einer Frau,
sanft und lockend. »Komm!« sagte die süße Stimme. »Leg dich
zu mir.« Kineu blieb stehen und betrachtete das Mädchen. Es
war weich und geschmeidig, von kupferner Hautfarbe und loh-
farbenem Haar, und sie duftete, als hätte sie in den köstlichsten
Essenzen gebadet. Sanft berührte sie seinen Arm. »Komm«,
sagte sie abermals, »ruh dich ein Weilchen bei mir aus.« Wäre da

nicht das lockende Licht der blauen Kugel gewesen, Kineu hätte nachgegeben.

Bald darauf fand er den Weg durch riesige, sich windende Schlangen versperrt. Sie bäumten sich vor ihm auf und zischten böse, doch Kineu wurde nur einen Augenblick lang unsicher. Dann schritt er direkt auf die Schlangen zu, und sie wichen zurück, zogen ihre langen Körper vom Pfad.

Kineu eilte weiter und begegnete noch manchen natürlichen und übernatürlichen Dingen dieser Art. Aber was auch geschah, er hatte stets das Rauschen des Flusses zu seiner Linken und die strahlende Kugel vor sich. Abwechselnd laufend und gehend, folgte er dem Pfad, der schließlich zu steigen begann, einen Bergrücken überquerte und dann im Bogen nach links zum Fluß hinunterführte.

Am Ufer blieb Kineu stehen und schaute sich um. Sein Pfad führte zu einem Baumstamm, der über den Fluß gelegt war – eine schwankende Brücke ohne sicheres Widerlager, die über das schäumende, brausende Wasser führte. Über dieser Brücke spannte sich eine Ranke von Ufer zu Ufer; an ihr hingen Gurden, die einen fahlen Lichtschein warfen und bei der leichtesten Berührung zu klappern begannen. Am anderen Ufer aber lagen zu beiden Seiten der Brücke zwei ungeheure Bestien. Sie schliefen jetzt, doch beim leisesten Klappern der Gurden würden sie jeden Eindringling augenblicklich anspringen.

Wie sollte er die Brücke überqueren? Wie sollte er verhindern, daß die Gurden klapperten? Wie sollte er an den Bestien vorbeikommen? Kineu wußte es nicht. Nur eines wußte er genau: einen anderen Weg gab es nicht. Dieser Pfad, der Pfad aller, war ihm bestimmt, schon immer.

So machte er sich denn an die Überquerung des Flusses. Mehrmals verlor er das Gleichgewicht und klammerte sich an die schwankende Brücke, unter ihm der tobende Fluß. Aber jedesmal fing er sich wieder und tastete sich langsam weiter. Bäuchlings kroch er vorwärts, und nicht ein einziges Mal während dieses schwierigen Unternehmens berührte er eine der Gurden.

Atemlos gelangte er endlich ans andere Ufer, und mit schnellen, leisen Schritten schlüpfte er an den Bestien vorbei.

In der Sicherheit des Waldes fiel er erneut in Laufschritt. Der Weg führte bergauf, und Kineu eilte sich, die Höhe des Talrandes zu erreichen. Hier machte er halt, um wieder zu Atem und Kräften zu kommen und sich das Land zu seinen Füßen anzuschauen. Vor ihm erstreckte sich erneut ein Tal, und dahinter lag ein weiterer Höhenzug, doch Kineu wußte, daß er es nun nicht mehr weit hatte, denn in dem Tal sah er ein Dorf, größer als jedes andere, das er selbst je gesehen oder von dem er in Geschichten gehört hatte. Der ganze Talabhang war übersät von Hütten, die in der Sonne leuchteten. Aber trotz all der vielen Behausungen und Feuerstellen sah Kineu keinen einzigen Mann, keine einzige Frau und kein einziges Kind. Keine Spur von Leben war im Dorf zu entdecken.

Ganz am Fuß des Hügels stand eine einzelne Hütte. Sie lag an dem Pfad, der direkt in die Dorfmitte führte, und sie war etwas größer als alle anderen. Er beschloß, zuerst einmal diese Hütte aufzusuchen, bevor er ins Dorf ging.

Als er aber nach dem Abstieg vor dem Eingang dieser Hütte stand, war er doch unsicher. Er zögerte, bevor er den Türbehang öffnete. Das einzige, was er im Halbdunkel des Inneren sofort ausmachen konnte, war die Gestalt einer alten Frau.

Die Frau wich zurück, wie er es schon bei den tanzenden Geistern erlebt hatte. »Warum bist du hergekommen?« zischte sie. »Weißt du nicht, wo du hier bist? Du gehörst nicht hierher! Geh zurück!«

»Weshalb?« fragte Kineu. »Was für ein Ort ist das hier?«

»Es ist das Land der Seelen. Das Land des Friedens. Das hier ist das Dorf der Seelen. Du gehörst nicht hierher. Du bist sterblich. Geh! Jetzt!«

Das Flüstern der alten Frau war zu einem fast kreischenden Zischen angeschwollen, doch Kineu machte noch keine Anstalten zu gehen. Er verstand nicht.

»Du gehörst nicht hierher«, wiederholte die alte Frau barsch.

»Hier leben nur Geister. Es ist ihr Zuhause, und Fremdlingen ist der Zutritt verwehrt. Wenn du ein Geist geworden bist wie alle anderen hier, wirst auch du bleiben dürfen. Bis dahin mußt du in deine wirkliche Heimat zurückkehren und dein sterbliches Dasein zu Ende führen.« Sie schwieg und überlegte. »Seltsam«, fuhr sie dann fort, »daß du nicht in den Fluß der Seelen gestürzt bist wie so viele andere oder daß die Bestien dich nicht zerrissen haben wie andere, die an ihnen vorbeischleichen wollten. Nun, du bist eben noch jung und unschuldig. Du hattest noch keine Gelegenheit, deinen Brüdern und Schwestern Unrecht zu tun oder den Tieren zu schaden. Verstehst du? Ich habe dir gerade gesagt, wie du leben mußt. Wenn du in deine Welt zurückkehrst, so sei gut zu jedermann, und du wirst Frieden finden. Und dann eines Tages – aber das hat noch Zeit – wirst du dich deinen Ahnen anschließen.«

Plötzlich sprach eine andere Stimme am Eingang der Hütte.

»Die Geister werden heute nacht tanzen«, verkündete die Stimme. »Dein Enkel ist eingeladen.«

Einen Augenblick lang sahen Kineu und die alte Frau einander an, dann schüttelte sie den Kopf. Sie sprach ihn so an, wie die geheimnisvolle Stimme ihn genannt hatte. »Mein Enkel!« sagte sie. »Du kannst nun doch nicht fortgehen. Zuerst mußt du am Fest teilnehmen, du kannst die Einladung nicht ausschlagen. Ich wünschte, du hättest meine Warnung sofort befolgt. Nach dem Fest könnte es zu spät sein …« Sie besann sich einen Augenblick und fuhr fort: »Mein Enkel! Du mußt genau das tun, was ich dir sage. Tanze nicht und iß oder trink nichts von dem, was man dir anbieten mag. Du hast nur zuzuschauen. Wenn du diesen Anweisungen nicht folgst, vermag ich nicht zu sagen, was dir geschehen wird. Verstehst du?«

Kineu versprach, sich an diesen Rat zu halten, und nun erzählte die alte Frau ihm vom Leben im Land der Seelen. Seine Bewohner waren niemals hungrig oder durstig oder traurig. Abwechselnd feierten sie und ruhten sich aus. Jeden Abend begann ein Fest, bei dem geschmaust, gesungen und getanzt wurde, und erst im Morgengrauen endete es. Dann zogen die Geister sich müde und erschöpft in ihre Hütten zurück, um zu schlafen – und in der Abenddämmerung begann alles von neuem. Stets gab es irgendein Ereignis, das gefeiert wurde, als sei es das erste Mal. Nach dieser Schilderung aß die alte Frau, doch sie bot Kineu nichts von ihrem Mahl an. Sie war noch nicht ganz fertig, da tönten die ersten sanften Flötenklänge über das Tal. »Bald werden deine Vettern dich holen«, sagte die alte Frau. »Sie werden dich mitnehmen zum Fest. Sei auf der Hut.«

Kineu nickte. Und richtig, bald erschallte Gelächter vor der Hütte, und viele Stimmen riefen nach Kineu. »Komm!« riefen sie. »Wir warten!« Kineu trat hinaus. Rings um die Hütte standen seine Ahnen. Manche erkannte er, andere nicht. Als er im Eingang erschien, erstarb das Lachen. »Die Luft riecht nach Menschenfleisch!« rief jemand. »Er muß gereinigt werden!«

Die Männer, Kineus Onkel, führte ihn zu einer Reinigungshütte. Bald darauf trat er wieder heraus und legte neue Kleider an, die seine Tanten eigens für ihn angefertigt hatten. Nun war er bereit, prächtiger gekleidet als je zuvor in seinem Leben.

Als der Zug sich in Richtung Festhütte in Bewegung setzte, gesellte sich ein junger Mann zu Kineu. Er war groß und stark und sollte Kineu während der Feier das Schutzgeleit geben. Rings um Kineu lachten und sangen die Frauen, schimmerndes Haar hing ihnen bis zu den Knöcheln herab. Die Männer, mit wehendem Federschmuck, spielten auf ihren Flöten und schlugen die Trommeln. Sie alle waren in ihrem Wesen Geister, doch von der Gestalt her körperliche Wesen.

Auf dem heiligen Festgrund hatten sich bereits viele Geister versammelt, und man tat sich gütlich an Wild, Elchfleisch, Forelle, Weißfisch, Rebhuhn, Mais und wildem Reis. Andere umtanzten den Mittelpfahl und das Mittelfeuer, begleitet vom Pfeifen der Flöten und den Rhythmen der Trommeln. Es war längst Nacht geworden, aber trotzdem fast taghell; die Flammen des Feuers gaben soviel Licht, daß sie den nördlichen Himmel erleuchteten.

Kineus Begleiter mischten sich sofort unter die Feiernden; er selbst blieb seitwärts stehen und schaute zu. Sein Begleitschutz stand still neben ihm. Sobald einer der Geister etwas zu essen anbot oder die Hand als Aufforderung zum Tanz ausstreckte, trat der junge Mann schützend vor. Ohne sein Einschreiten hätte Kineu der Verlockung sicher nicht widerstehen können. Immer ausgelassener und wilder wurde das Lachen und Trommeln, das Pfeifen und Tanzen im Laufe der Nacht. Kineu bemerkte, daß alle Tänzer verunstaltet waren. Manche waren ohne Kopf, manche ohne Arme; andere besaßen nur ein Bein oder waren blind. Viele hatten Schnittwunden im Gesicht, Narben auf der Brust, Einstiche im Rücken, doch keine dieser Wunden und Verstümmelungen tat ihrem Schwung und ihrem Vergnügen Abbruch.

Unermüdlich tanzten sie weiter. Die Trommeln donnerten, und das Pfeifen zerschnitt die Luft. Erst als die Nacht dem ersten blassen Morgenlicht zu weichen begann, erlahmten Musik und Tanz. Der junge Mann berührte leicht Kineus Arm und sagte freundlich: »Komm. Es ist Zeit zu gehen. Das Fest ist fast vorbei.« Er brachte Kineu zur großen Hütte zurück und verschwand in den heraufdämmernden Morgen.

Die alte Frau erwartete Kineu bereits. »Du hast den Tanz der Verstümmelten gesehen«, erklärte sie ihm. »Den Tanz all derer, die gemordet oder im Kampf versehrt und getötet wurden. Sie feierten heute ihren Sieg über Leiden und Tod.

In gewissem Sinne sind manche Dinge hier ganz so wie im Land der Lebenden. Wie sie es auf der Erde lieben, die Ereignisse festlich zu begehen, so feiern die Geister hier im Land der Seelen gern ihre irdischen Siege. Schmausen und Tanzen und Singen macht die Geister glücklich. Deshalb wird hier jede Nacht ein Fest gefeiert. In der vergangenen Nacht haben die Lahmen und Krüppel das Fest ausgerichtet. In der kommenden Nacht werden es die Säuglinge sein und danach die Jäger. Es gibt auch Feste zu Ehren von Neuankömmlingen, wenn ganze Familien sich versammeln.«

Die alte Frau wartete, bis Kineu seine Kleider wieder gewechselt hatte, und unterdessen senkte sich langsam die Morgenstille über das Dorf. Dann stand sie auf und hob den Türvorhang. »Nun, da du weißt, wie es hier ist, mußt du gehen«, sagte sie. »Und wenn du dem Pfad des Lebens folgst, wie die Alten ihn verstanden, wirst du eines Tages hierher zurückkommen. Komm, ich zeige dir den Rückweg.« Vor der Hütte wies die Frau nach Osten, über den Hügelkamm. »Das ist dein Weg«, sagte sie. »Über dem Hügel wirst du die leuchtende Kugel sehen. Sie wird dich führen. Folge ihr und verweile nirgends. Deine Eltern werden sich freuen, dich wiederzusehen. Und vergiß nicht: Wann immer du den Nordhimmel von Licht übergossen siehst, denke an das Land der Seelen. Jetzt geh!«

Jenseits der Hügel erblickte Kineu wieder die leuchtende Kugel am östlichen Horizont. Er lief. Diesmal war da kein Fluß, keine Brücke, die überquert werden mußte, und doch war es derselbe Pfad wie zuvor. Er kam an dem Kind vorbei, das immer noch wimmerte und seine eigene Trage schleppte. Er begegnete anderen Reisenden, die zur Seite traten und sich die Augen zuhielten, wenn sie ihn kommen sahen. Schließlich kam er an eine Stelle, wo die Kugel stehenblieb und, über dem Pfad schwebend, noch heller aufleuchtete.

Kineu schaute, und die Kugel verwandelte sich in eine Feuersäule. Der üppige grüne Wald zu beiden Seiten verschwand. Da war nichts mehr als der Pfad unter Kineus Füßen – und er führte direkt in diese Feuersäule. Einen Atemzug lang zögerte Kineu, dann warf er sich mitten ins Feuer.

Er war wieder in seinem eigenen Körper.

Der Pfad der Seelen

Nach dieser Erzählung schwieg Mishi-Waub-Kaikaik eine kurze Weile. Dann richtete er das Wort wieder an Zhawaeshks Geist: »Unser Bruder! Bald wirst du dort im Land der Seelen sein. Du wirst deine Ahnen, deine Brüder und Schwestern sehen. Sie bereiten sich jetzt schon auf deinen Empfang vor. Die Männer jagen und fischen, die Frauen bauen dir eine Hütte und machen Kleider für dich. Wenn du ankommst, wird alles bereit sein, und die Geister werden das Fest der Neuankunft feiern. Von da an wirst du die Ankunft deiner Frau und deiner Kinder erwarten. Doch bevor du dorthin gelangst, mußt du den Pfad der Seelen gehen. Und sei auf der Hut. Die Bewährungsproben, die du auf dem Pfad des Lebens zu bestehen hattest, sind vorüber – doch auf dem Pfad der Seelen erwarten dich auf jedem Hügel, an jeder Wegbiegung neue Prüfungen. Sei stark. Gib nicht nach.

Unser Bruder, höre! Die Prüfungen, die jetzt auf dich zukommen, sind andere als die, welche du vom Erdenleben kennst. Hier waren sie leicht zu erkennen, und mochten sie auch überraschend kommen, du wurdest leicht mit ihnen fertig. Jetzt aber werden sie dir unmerklich nahen, verkleidet und scheinbar harmlos. Dadurch sind sie viel gefährlicher als alles, was du in diesem Leben erlebtest.

Vor allem: Geh allein, iß allein, schlafe allein. Halte dich daran, auch wenn du in Not bist. Du wirst hungern und frieren. Du wirst einsam und müde sein. Du wirst durstig sein und dich fürchten. Dein Geist wird schwach sein. Und wenn er schwach ist, wird die Prüfung kommen.

Sie werden ganz unschuldig auftreten. Es kann ein Festmahl in einem Dorf sein, zu dem man dich einlädt. Geh nicht hin – es ist das Fest des Todes. Es mag ein Nachtlager sein, wo die Leute sich gerade schlafen legen. Bleib nicht dort – es ist der Schlaf des Todes. Kommst du an ein Lagerfeuer, so wärme dich nicht – es ist das Feuer des Todes. Siehst du einen Bach, so trinke nicht – es ist das Wasser des Todes. Und solltest du auf jemanden treffen, der darniederliegt, so laß ihn – es ist das Ringen mit dem Tode. Was auch immer du sehen oder hören magst – geh vorbei.

Unser Bruder! Sei auf der Hut! Und Glück auf den Weg!«

Mishi-Waub-Kaikaik hatte seine Unterweisung beendet. Einen Augenblick lang herrschte Stille, dann erhob er sich. Bevor er die

Versammlung verließ, reichte er jedem der Trauernden die Hand. Dann ging er, während die übrigen bei dem Leichnam blieben. Sie würden bis zum Morgengrauen bleiben. Und die Älteren würden zu Zhawaeshk sprechen, wie Mishi-Waub-Kaikaik es getan hatte.

Die Beisetzung

Früh am Morgen, als der Tau noch an den Blättern hing, machte sich der Trauerzug auf den Weg zum Grab, das am Vortag ausgehoben worden war. Vier Männer trugen den Leichnam in seiner Rindenhülle, begleitet von Mishi-Waub-Kaikaik, den beiden Frauen, die den Toten für die Beerdigung hergerichtet hatten, und der Trauerversammlung.

Am Grab angekommen, breiteten die beiden Frauen eine Binsenmatte am Boden der Grube aus. Mit der Hilfe der Träger hoben sie Zhawaeshks Leichnam hinunter und brachten ihn in die richtige Lage: sitzend nach Westen gewandt. Zu seiner Rechten legten die Männer seine Waffen und die Jagdausrüstung ab. Links neben ihn legten sie die Pfeife, Tabak und Feuersteine, ein Kochgefäß, eine Eßschale und einen Löffel, eine Decke und etwas Mais. An seinem Gürtel hing das Medizinbündel. Mishi-Waub-Kaikaik begann zu singen:

> *K'neekaunissinaun, ani-maudjauh.*
> Unser Bruder, er bricht auf.
>
> *K'neekaunissinaun, cheeby-meekunnaung.*
> Unser Bruder, auf dem Pfad der Seelen.

Mit bloßen Händen begannen die Männer Erde ins Grab zu werfen. Wie Graupelschauer prasselte die Erde auf die Birkenrinde, der Ton des unwiderruflichen Endes. Eine nach der anderen erhoben sich die Frauen zum Begräbnistanz und Trauertanz.

Und Mishi-Waub-Kaikaik sang:

> *K'neekaunissinaun, kego binuh-kummeekaen.*
> Unser Bruder, strauchle nicht.

> *K'neekaunissinaun, k'gah odaessiniko.*
> Unser Bruder, du wirst willkommen sein.

Dann waren die Männer mit der Arbeit fertig. Auf dem Grab-hügel stellten sie einen Pfahl auf, in den Zhawaeshks Totem, der Bär, eingeschnitzt war. Dieses Bild stand, wie es Brauch war, auf dem Kopf. Während die Frauen Nahrungsmittel holten, bauten die Männer eine kleine Hütte aus Birkenrinde, die sie mit Stei-nen sicherten. Diese Hütte war ein Tempel, in dem die Geist-Seele des Verstorbenen Zuflucht finden konnte. Als sie fertig war, kehrten die Frauen mit Fleisch, Mais, wildem Reis und Was-ser zurück und legten all das vor den Hütteneingang. Zuerst ent-fachten sie ein kleines Feuer, und die Trauernden nahmen im Kreis um das Grab Platz.
Das war der Beginn der letzten Totenwache.

Die Wache

Eine Zeitlang herrschte Stille rings um das Grab. Dann richteten die älteren Männer und Frauen noch einmal das Wort an Zhawaeshk. Zuerst sprach ein alter Mann.
»Du warst ein Krieger«, sagte er. »Viele Male hast du den Kriegs-tanz getanzt und um unseretwillen die Keule ergriffen. Unser Leben war dir teuer – und deines uns –, doch es war deine Pflicht und Berufung, dein Leben für den Stamm hinzugeben. Du fielst, wie ein Krieger es sich wünscht, im Kampf. Die Narben und Wunden, die du davontrugst, werden uns stets an deinen Mut und deine Opferbereitschaft erinnern – wie die Federn an deinem Kopfschmuck dich als einen würdigen und siegegewohn-

ten Krieger auszeichneten. Von solchen wie dir sind die Schwachen abhängig. Auf solche wie dich bauen die Starken. Solchen wie dir können die übrigen ihr Leben anvertrauen.

Wir beklagen, daß du nicht bei uns bleiben kannst. Aber das ist der Wille von Kitche Manitu. Jedem Mann, jeder Frau wird eine Lebensspanne zugemessen und ein Maß an Gutem, das sie zu wirken haben. Und obschon deine Lebensspanne uns allzu kurz erscheinen mag, war das Gute, das du gewirkt hast, mehr als man von irgendeinem Mann oder einer Frau erwarten kann.

Wir werden deine Wunden nicht mehr sehen und deinen Kriegsschrei nicht mehr hören; wir werden deinen Kopfschmuck nicht mehr betrachten können und das beruhigende Gefühl deiner Gegenwart nicht mehr empfinden. Wir werden dich auch morgen ehren und an jedem neuen Morgen, solange wir leben.«

Nach diesen Worten herrschte Schweigen. Dann sprach eine alte Frau:

»Du warst ein guter Jäger. Nie gingst du auf die Jagd, ohne irgendein Wild mitzubringen. Deine Frau und deine Kinder mußten nie hungern. Die Alten und die Armen konnten sich auf dich verlassen. Und so gut du zu den Armen warst, so gut war Kitche Manitu zu dir. Du achtetest den Geist der Hirsche und Biber, der Weißfische und Forellen, der Enten und Rebhühner – und so zeigten sie sich selbstlos dir gegenüber. Du warst gut zu uns, und wir danken dir.«

»Du warst ein guter Sohn«, sagte eine andere Frau. »Schon als Kind hörtest du auf deine Großeltern, deinen Vater, deine Mutter und die anderen Alten und tatest immer, was gut war. Und wie du ein guter Sohn warst, so warst du auch deiner Frau ein, guter Gefährte und deinen Kindern ein guter Vater. Du warst gütig. Mögen unsere Kinder so pflichtbewußt sein, wie du es warst. Wir danken dir, und wir werden uns erinnern.«

Ein zweiter Mann erhob die Stimme: »Needjee! (Mein Freund!) Wir trafen uns vor langer Zeit. Unsere Geist-Seelen begegneten und berührten einander und bildeten ein Band. Von Anfang an zog es sie zueinander hin. Wir wuchsen zuammen auf, du und ich. Wir taten alles gemeinsam. Wenn wir um die Wette liefen oder rangen, freute ich mich für dich, daß du der Bessere warst. Als ich mein erstes Rebhuhn und meinen ersten Hirsch erlegte, batest du mich, dir zu zeigen, wie man es macht. Wir wurden Männer und blieben Freunde, du ein Krieger, ich ein Jäger. Ich begleitete dich auf den Kriegspfad, wenn du mich darum batest. Du kamst mit mir in die Berge, um Hirsch und Bär zu jagen, oder an den Fluß, wo wir mit dem Speer die Fische fingen. Meine Geist-Seele geht mit dir; deine bleibt bei mir. Mein Freund! Du fehlst mir …«

Vier Tage und Nächte hüteten die Männer und Frauen das Grabfeuer und hielten Wache. Am Ende dieser Zeit war der Wandel von Zhawaeshks Geist-Seele in Geist vollzogen.

Die Trauerzeit

Nach der Totenwache führten die beiden Frauen Zhauwoono-quae, die Witwe, in ihre Hütte zurück. Zhawaeshks Geist würde ein Jahr lang bei ihr bleiben, und so durfte sie sich in dieser Zeit keinem anderen Mann zugesellen. Die Frauen erinnerten sie daran, und sie nickte schweigend. Sie kannte den Brauch. Ein Mann, der seine Frau verlor, hatte ebenfalls diese einjährige Trauerzeit einzuhalten.

In der Hütte lösten die Frauen Zhauwoonoquae das Haar, so daß es schmucklos herabfiel. Sie halfen ihr, das Kleid auszuzie-hen und schlugen es in Birkenrinde ein; Zhauwoonoquae legte dafür nun alte, abgetragene Kleidung an. Die Frauen legten ihr einen Zopf aus Hirschhaut um den Hals und schlangen einen Riemen über ihre linke Schulter und unter dem rechten Arm hindurch. Daran befestigten sie das Rindenpäckchen mit dem Kleid darin. Ein Jahr lang durfte Zhauwoonoquae keine ande-ren Kleider tragen oder ihr Haar flechten oder die Zeichen ihrer Trauer ablegen. Jeden Abend sollte sie das Grab ihres Lebensgefährten besuchen und ihn beweinen; und wenn sie es wünschte, konnte sie sich Wunden zufügen.

Die Frauen wiederholten all diese Dinge, und abermals nickte sie. Dann verließen die beiden Frauen Zhauwoonoquae und gingen zu ihrem ältesten Sohn. Um seine Augen malten sie schwarze Kreise. Da er noch bei seiner Mutter lebte, hatte auch er das Zeichen der Trauer ein Jahr lang zu tragen.

So hielt Zhauwoonoquae die Trauerzeit ein – nicht, um dem Brauch genüge zu tun, sondern in wirklicher, tief empfundener Trauer. Alle Dinge, die sie während dieses Jahres anfertigte oder geschenkt bekam, wurden Bestandteile des Geist-Bündels, das sie bei sich trug. Im Laufe der Zeit kamen so, in Birkenrinde eingeschlagen wie ihr Kleid, ein Paar Mokassins dazu und eine Decke, eine Jacke, Beinschutz, Handschutz, eine Pfeife, Tabak, Spiele und Federn. Als das Jahr um war, nahm sie ihre Kinder zur Hütte von Zhawaeshks Eltern mit und bat diese, sie von den äußeren Zeichen ihrer Trauer zu befreien – wenn auch der Kummer bleiben würde. Zhawaeshks Eltern waren dazu bereit. Die Mutter hob das Bündel und knüpfte das Band auf. »Du bist eine würdige Tochter«, sagte sie. »Du warst Zhawaeshk eine gute Gefährtin. Geh nun und mache einen neuen Anfang. In vier Tagen feiern wir das Fest der Entbindung von der Trauer.«

Jetzt durfte Zhauwoonoquae ihr Geist-Bündel öffnen. Als sie am vierten Tag erschien, trug sie neue Kleider und das Haar zu einem glatten Zopf geflochten. Da Mishi-Waub-Kaikaik die Totenzeremonie geleitet hatte, war er es, der Zhauwoonoquae und ihre Familie zur Rückkehr ins Dorfleben willkommen hieß. »Ein Jahr lang haben diese Frau und ihre Kinder getrauert«, sagte er. »Sie haben nicht an einem einzigen Fest teilgenommen, denn die Trauernden müssen fernbleiben, bis sie eingeladen werden. Heute laden wir sie ein. Wir laden sie ein, mit uns zu essen, zu tanzen, zu lachen. Wir teilen unsere Freude mit ihnen.«

Zhauwoonoquae besuchte weiterhin das Grab ihres Mannes. Und sie bewahrte ihm stets ein ehrendes Angedenken, wenn sie auch wieder heiratete und neue Liebe fand.

Die Ratsversammlung
Zuguswediwin

Die Warnung

Ja, das Dorf hatte es gehört. Anfangs waren es nur Gerüchte, und so unglaublich, daß man sie einfach nicht für wahr halten konnte, aber sie beunruhigten die Leute doch. Es kamen so viele Flüchtlinge aus dem Osten, die von Vertreibung und Enteignung erzählten, daß doch irgend etwas Wahres an diesen Berichten sein mußte. Etwas war im Gange. Etwas zwang die Leute, ihre Heimat zu verlassen. Manchmal zeigten die Dorfbewohner offen, daß sie den Berichten keinen rechten Glauben schenkten, und dann schüttelten die Flüchtenden den Kopf und verkündeten mit der Bestimmtheit von Propheten: Auch eure Zeit wird kommen. Ihr werdet eure Heimat verlieren. Ihr werdet umherirren.
Aber da lachten die Leute des Dorfes nur. So etwas war einfach undenkbar.

Das erste Angebot

Aber ein paar Jahre später kam ein Offizier ins Dorf. Er brachte einen Dolmetscher mit und wurde von Adjutanten und Soldaten begleitet. Durch den Dolmetscher ließ der Offizier Häuptling Ningiziwaush (Großer Blauer Reiher) und seinen Leuten mitteilen, der Große Weiße Vater habe ihn ermächtigt, einen Vertrag über das Land in der unmittelbaren Umgebung mit den Indianern auszuhandeln, aber auch über Ländereien im Norden und Westen, deren Größe man nur in Tagesreisen angeben konnte. Für die Überlassung dieses Landes würde der Große

Weiße Vater den Indianern Geschenke machen: Kleidung, Feuerwaffen, Pulver, Tuch, Medizin, Seile, Decken, Kessel, Pfeifen, Tabak, Messer, Rum, Kämme, Angelhaken, Netze, Hacken, Spiegel, Scheren, Garn und Nadeln. Darüber hinaus würde der Große Weiße Vater dem Stamm Geld geben. Eine bestimmte Summe würde sofort bei der Zustimmung zum Vertrag ausgezahlt; und hernach würde jedes Stammesmitglied in bestimmten Abständen und ohne zeitliche Begrenzung eine feste Summe erhalten.

Ningiziwaush und seine Berater verstanden zwar die Landkarte nicht recht, aber das Angebot erschien ihnen großzügig. Manche Mitglieder des Stammes setzten sich mit Nachdruck für diesen Vertrag ein, doch Ningiziwaush lehnte ab. Er sagte, es stünde nicht in seiner Macht, das Land zu verkaufen oder Abmachungen zu treffen, die dann auch für andere Häuptlinge bindend sein würden. Er versprach dem Offizier, er werde eine Ratsversammlung einberufen, an der alle Häuptlinge des Gebiets, das der Große Weiße Vater begehrte, teilnehmen würden. Im Herbst könne der Offizier dann die Häuptlinge zu sich rufen, um ihre endgültige Antwort zu erfahren. Der Offizier willigte ein. Als er wieder fort war, schickte Ningiziwaush seinen Kurier mit einer dringenden Nachricht zu Mishi-Pizheu (Großer Luchs), dem Häuptling des nächsten Dorfes.

Die Einberufung der Ratsversammlung

Es war nicht leicht, Botschaften zu übermitteln. Es gab in den endlosen Wäldern keine Pfade. Kiefern-, Ahorn-, Zedern-, Tannen- und Birkenwälder gingen ineinander über, allein regiert vom langsamen, unausweichlichen Gesetz des Wachsens. Das Land, in dem die Bäume wurzelten, war uneben und zerklüftet. Weite Hügellandschaften brachen jäh zu steilen Felsschluchten ab. Es gab lange, gewundene Bergrücken und plötzliche Abbrüche. Es gab blaugrüne Seen, braune Moore und gelbe

Sümpfe; kristallklare Flüsse wanden sich durch Wiesen und Täler und schäumten durch felsige Schnellen. Unbeschreiblich schön, aber schwer zu durchqueren war dieses Land.

Auch die Lebensgewohnheiten der Menschen erschwerten es, Botschaften von Stamm zu Stamm zu überbringen. Im Sommer durchstreiften sie im weiten Umkreis die Gegend und waren oft für längere Zeit nicht zu erreichen. Und erreichte die Ankündigung einer Zusammenkunft sie doch, so zögerten sie, weil sie eine natürliche Abneigung gegen alle Hast und alles Drängen besaßen. Wie das Leben der Natur um sie her ging ihr eigenes Leben einen ruhigen, gemessenen Gang.

Diesmal hatte der Kurier Glück. Er konnte Mishi-Pizheu die Botschaft überbringen und ihn davon überzeugen, daß die Sache wirklich dringend war. Er übergab dem Häuptling ein Bündel Stöckchen, von denen er jeden Tag eines wegwerfen sollte: so würde er stets genau wissen, wann der Tag der Zusammenkunft war. Mishi-Pizheu sandte wiederum seinen eigenen persönlichen Kurier zum Häuptling des nächsten Dorfes, und auch der würde es wieder ebenso machen, und so würde schließlich jeder die Nachricht erhalten.

Unterdessen verstärkten die Leute von Ningiziwaushs Dorf die Jagd und den Fischfang, um für die Ankunft der Delegationen gerüstet zu sein. Die Gastgeber waren verpflichtet, so gut es ging für ihre Gäste zu sorgen, seien es Freunde oder Fremde – aber sie taten es gern, und nicht nur, weil es so Brauch war. Tatsächlich waren solche Ratsversammlungen häufig eine willkommene Gelegenheit, Verwandte und Freunde zu besuchen.

Schon Tage vor dem anberaumten Datum kamen die ersten Häuptlinge mit ihren Begleitern an. Sie wollten ihre Verwandten und Freunde besuchen und behaglich mit ihnen plaudern und essen, bevor es in der eigentlichen Ratsversammlung um die wichtigen Dinge ging. Da war Mishi-Pizheu vom Adler-Totem, Häuptling der Schwere-Ulme-Leute; Mishi-Waub-Kaikaik vom Bären-Totem, Medizinmann und Häuptling der Wasserfall-Leute; Mazinininh (Geschnitztes Menschenbildnis) vom Karibu-Totem, Krieger und Häuptling der Feuerfluß-Leute; Mizaun (Distel) vom Hecht-Totem, Häuptling der Schwarzwaldbewohner, und Neezhawayaush (Fliegt Zweimal) vom Saugkarpfen-Totem, Häuptling der Nord-Portage-Anwohner. Ningiziwaush vom Habicht-Totem, Häuptling der Sanddünenbewohner und des Dorfes, in dem die Ratsversammlung stattfinden sollte, war der Ranghöchste dieser Häuptlinge. Er galt als der führende Sprecher der ganzen Region, und deshalb war auch die Abordnung der Weißen zuerst zu ihm gekommen.

Um den Offizier und sein Angebot ging es jedoch in diesen Tagen vor der Ratsversammlung noch nicht. Man sprach vielmehr über den Reichtum dieses Sommers an Wild und Beeren. Es würde ein leichter Winter werden.

Die Anrufung

Am Morgen des für die Ratsversammlung festgesetzten Tages entfachte einer der Hüter des Feuers das Ratsfeuer, das während der ganzen Versammlung brennen würde. Die Häuptlinge, die Kuriere und alle anderen Ratsmitglieder nahmen in einem Kreis um das Feuer Platz. Hinter diesem Kreis befand sich die gespannt wartende Zuhörerschaft.

Der Hüter der Pfeife öffnete die Lederhülle, in die die heilige Pfeife eingeschnürt war. Er füllte den Kopf mit einer Tabakmischung, die besonderen Zeremonien vorbehalten war, und zündete Ningiziwaush die Pfeife an. Seine Bedeutung hatte dieses Ritual seit der Zeit, da Nanabush und sein Vater Epingishmook die Pfeife rauchten und damit das Ende ihres Streites und den Beginn des Friedens zwischen ihnen besiegelten. Seither steht das Ritual am Beginn jeder Beratung, auf daß die Reden maßvoll und die Entscheidungen weise ausfielen. Deshalb nannte man solche Ratsversammlungen, seien sie von übergreifender oder nur von lokaler Bedeutung, Zuguswediwin – »Das Rauchen der Pfeife«.

Alle schauten zu, als Ningiziwaush die Pfeife entgegennahm und zu sprechen begann.

»Kitche Manitu! Du gabst uns so viel. Du hast das Land erschaffen, auf dem wir leben – das Land, das unsere Mutter ist und zu dem wir gehören. Du hast den Hirsch und den Biber und den Weißfisch und das Waldhuhn geschaffen – Geschöpfe, die ihr Leben gaben, damit wir heute essen können. Du läßt unser Leben dauern, so daß alle, die sich früher schon getroffen haben, heute wieder zusammenkommen konnten. Und du hast uns einen guten Tag für diese Zusammenkunft gegeben … Man hat uns gebeten, uns von einigen der Dinge zu trennen, die du uns schenktest. Wir wissen jedoch nicht, ob wir das Recht haben, uns von etwas zu trennen, was uns nicht gehört – so wie man sich von einem Mantel, einer Pfeife, einem Bogen trennen würde. Deshalb kommen wir heute hier zusammen. Wir kommen, um deinen Rat zu hören.

Mutter Erde! Wir ehren dich. Was wir haben, bekommen wir von dir. Der Hirsch, den wir essen, ist aus deinem Wald; das Wasser, das wir trinken, ist aus deinen Tälern. Wir sehen Schönheit in deinen Hügeln, hören Gesänge in deinen Winden, empfinden die Liebkosung des Bodens, den du unter unseren Füßen ausbreitest. Du besitzt alles. Wir besitzen nichts. Du gibst uns alles. Wir können dir dafür nur Verehrung geben. Nimm, in diesem duftenden Rauch, unsere Dankbarkeit.«

Ningiziwaush hielt inne, zog an der Pfeife und blies ein Rauchwölkchen aus. Dann wiederholte er dies noch viermal und blies den Rauch in jede der vier Himmelsrichtungen.

»Dir, der du im Norden wohnst: laß uns vorausschauend sein in den Erwägungen des heutigen Tages. Wie die Tiere sich vor dem Einbruch des Winters ihren Unterschlupf bauen und wie die Vögel Zuflucht suchen, wenn ein Unwetter naht, so laß auch uns die Zukunft wissen, damit wir uns auf sie einstellen können. Ein Schatten hat sich über unseren Geist gelegt, und so versammeln wir uns heute, damit, was für einen Geist zu groß ist, von vielen vielleicht verstanden wird. Wir müssen über die Berge schauen, um die Richtung des Pfades auszumachen und zu sehen, ob das Wetter gut sein wird ... Öffne unsere Augen und unsere Ohren und unseren Geist, damit wir tun können, was für unser Volk und unsere Kinder gut ist. Führe du uns.

Dir, der du im Westen wohnst: gib uns die Erkenntnis, die wir benötigen, um das zu verstehen, was heute zu erwägen ist. Wir alle sind hier, um unseren Geist zu einem Geist und unsere Herzen zu einem Herzen zu verbinden, auf daß wir erkennen mögen, was zu geschehen und was zu unterbleiben hat. Wir suchen deinen Rat und deine Stärke, damit wir wie mit einer Zunge, wie mit einer Stimme sprechen können.

Dir, der du im Süden wohnst: verhilf uns zur richtigen Urteilskraft. Was wir heute zu erwägen haben, ist neu und unbekannt. Nichts von dem, was wir in der Vergangenheit erlebten, führt uns hier weiter; nichts in unserer Geschichte gibt uns einen Hinweis auf die Folgen unserer Entscheidung. Man verspricht uns großen Nutzen, und wir würden gern daran glauben. Aber wie können wir sichergehen? Wie sollen wir urteilen? Es gibt im Leben viele Pfade, denen man folgen kann, viele Entscheidungen, die zu fällen sind. Mancher Pfad ist der richtige, doch ebensoviele sind falsch. Wir müssen den rechten wählen, um nicht Not über unser Volk zu bringen und die Lebensbedingungen unserer Kinder zu verschlechtern. Wir bitten dich um deinen Rat, damit wir uns richtig entscheiden und unser Volk den Nutzen davon hat.

Dir, der du im Osten wohnst: gib uns den Willen und die Kraft, unsere Entscheidung auszuführen, wie schwierig das auch sein mag. Wir sind voller Furcht und Unbehagen, und doch müssen wir aufrichtig sein. Ist ein Versprechen erst gegeben, so gibt es kein Zurück mehr. Kommen wir überein, unser Land zu verkaufen, so laß uns den Mut haben, bei dieser Übereinkunft zu bleiben. Lehnen wir es ab, so laß uns den Mut haben, zu dieser Ablehnung zu stehen. Dazu brauchen wir deinen Rat.«

Nach dieser Anrufung gab Ningiziwaush die Pfeife an den Häuptling zu seiner Rechten weiter. Schweigend wurde die

Pfeife von einem zum anderen gereicht, bis sie wieder zu Ningi-
ziwaush kam, der sie dem Hüter zurückgab. Dann sprach Ningi-
ziwaush noch einmal. Er begann mit dem Ausdruck, der bei den
Anishnabeg am Anfang jeder Ansprache steht:
»Neekaunissidoog! N'dawaemaudoog! (Meine Brüder! Meine
Schwestern!) Laßt uns nun Mino-waewae lauschen, der uns die
Geschichte unseres Volkes erzählen wird.«
Mino-waewae (Die Gute Stimme), ein großer, dunkelhäutiger
Mann, erhob sich. Er war der Erzähler des Stammes, der Mann,
der bei allen formellen Anlässen gebeten wurde, die Geschichte
der Anishnabeg zu schildern. Er war ein geübter Erzähler, der
sich seiner Zuhörer zunächst mit den Augen und der Präsenz
seiner Persönlichkeit versicherte. Für ihn war das keine schwie-
rige Aufgabe, denn er beherrschte die Sprache, die Geschichte
und vor allem sich selbst. Er beachtete und verkörperte die
Grundbedingung für Glaubwürdigkeit und Vertrauenswürdigkeit: Sprich nicht zuviel.
In all seinen Jahren als Erzähler hatte Mino-waewae niemals die
Wahrheit verfälscht oder seine Zuhörer irregeführt. Er sagte, was
er wußte, und das war genug. Niemals maßte er sich an, mehr zu
sagten, als er wirklich wußte, oder die Wahrheit aufzubauschen
und zu verdrehen; und dadurch blieb er selbst ein lauterer
Mensch. Er sprach nur, wenn der Anlaß dazu gegeben war –
mehr würde die Wahrheit nur abstumpfen. So aber blieb die
Wahrheit seiner Erzählung stets frisch, lebendig und fesselnd.
Er sprach gerade genug, um bei seinen Zuhörern die Sehnsucht
nach mehr Wahrheit zu wecken und die Achtung, die der Wahrheit gebührt, in ihnen zu bestärken. Sooft er sprach, hob er die
wesentlichen Tatsachen hervor; nicht ein einziges Mal
schmückte er sie aus oder begrub sie unter dem Klang der
Worte. Keiner von denen, die ihn gehört hatten, sagte je: »Er
spricht zuviel«, oder »Er spricht in Kreisen«, oder »Er verliert
sich in seine eigenen Hirngespinste«. Vielmehr sagte jedermann:
»Er spricht unumwunden«, und »Er spricht die Wahrheit« und
»Er ist redegewandt«.

Nun also, in den Augenblicken, bevor er zu erzählen begann, versicherte er sich seiner Zuhörer. Er drang in ihren Geist ein und zog sie sanft zu sich her, damit sie ihm in der nächsten halben Stunde willig überallhin folgten, so schnell oder langsam er sie jeweils führen würde.

Die Geschichte der Anishnabeg

Neekaunissidoog! N'dawaemaudoog! Bevor ihr mit der Ratsversammlung beginnt, ruft euch die Geschichte des Volkes ins Gedächtnis zurück. Möge euch die rechte Kraft und Eingebung zuwachsen aus dem Wissen, wer und was wir sind. Es ist die Geschichte unserer Vorväter und ihrer Taten. Wir sind die Nutznießer ihrer Mühen, und wir müssen die Erinnerung an sie an unsere Kinder weitergeben. Schon unsere Vorväter hielten die Erinnerung an Vergangenes wach, und das müssen auch wir tun. Vor dem Anfang war nur Kitche Manitu. Nichts sonst. Und Kitche Manitu schaute eine Vision. Er sah die Sonne, die Sterne und die Erde; die Berge und Täler, die Flüsse und Seen. Er sah Kiefern und Gräser, Mais und Rosen. Er sah Adler und Karibus, Weißfische und Glühwürmchen, Bären und Menschen. Er hörte Donner und Wind, Lachen und Weinen, Sturzbäche und Trommeln und Gesänge. Er berührte Fels und Wasser, Feuer und Eis. Er empfand Freude und Traurigkeit, Zufriedenheit und Enttäuschung. Er kostete Honig und Iris, weißen Reis und Pflanzensaft. Er fühlte Geburt und Wachstum, Alter und Tod … Dann verging die Vision.

Kitche Manitu hatte gesehen, was unbekannt, unsichtbar, nichts gewesen war. Nun mußte die Vision ins Werk gesetzt werden, und nicht weil sie von sich aus zur Verwirklichung drängte, sondern weil sie ins Bewußtsein Kitche Manitus gelangt war. So ließ er denn Fels und Feuer, Wind und Wasser werden. Daraus erschuf er die Sonne und die Sterne, die Erde und die Meere. Danach machte er die Pflanzen: Wälder und Gräser, Blumen und Mais, wilden Reis und Melonen. Nach den Pflanzenwesen brachte er Tiere auf die Erde: den Elch, den Bären, den Hirsch und den Hund. Der Luft gab er den Adler, den Kranich, die Gans und die Wanderdrossel. Ins Gras setzte er den Grashüpfer, den Käfer, die Schlange und den Frosch. Weißfisch, Forelle, Stör, Saugkarpfen und Schildkröte kamen ins Wasser. Zuletzt erschuf Kitche Manitu den Menschen.

Allen Geschöpfen war etwas vom Großen Mysterium mitgegeben worden: Die Eule besaß das Vermögen zu sehen, der Sperber Schnelligkeit, der Goldspecht Musik, der Taucher das Wissen um die Jahreszeiten, der Hirsch Anmut, der Biber vornehme Würde, der Stör das Schwimmen, der Schmetterling Schönheit, die Pflanzen Wachstum und Heilkraft. Dem Menschen aber gab Kitche Manitu die Fähigkeit, Visionen zu schauen.

Jedes Geschöpf hatte seinen Anteil am Großen Mysterium. Jedes Geschöpf hatte seinen Platz auf der Erde, seine Zeit und seinen Zweck. Das war der Urquell aller Ordnung und Harmonie. Dann aber ... geschah etwas. Die Meere liefen über und verschlangen das Land. Nur die Wassertiere und die Fische und einige Vögel überlebten. Der Mensch wurde vernichtet.

Nun war da eine Geist-Frau namens Geezhigoquae (Himmelsfrau), die allein im Himmel wohnte. In ihrer Einsamkeit bat sie Kitche Manitu um einen Gefährten. Er wurde ihr gewährt. Geezhigoquae und ihr Gefährte lebten zusammen, bis sie schwanger wurde.

Unten, im Wasser und darüber, spürten die Tiere und die Vögel und die Fische, daß mit Geezhigoquae etwas Besonderes geschah. Sie luden sie ein, vom Himmel herunterzukommen und sich auf dem Rücken der großen Schildkröte, die sie zum Auftauchen überredet hatten, auszuruhen. Nachdem Geezhigoquae herniedergestiegen war, bat sie um etwas Erde, und nachdem etliche Tiere sich vergeblich bemüht hatten, schaffte es die kleine Bisamratte endlich, eine Pfote voll Erde vom Grund des Wassers heraufzuholen. Geezhigoquae nahm das Erdklümpchen und strich es mit dem Finger rund um den Rand des Schild-

krötenpanzers. Dann hauchte sie darauf; die Erde breitete sich
aus, bedeckte schließlich den ganzen Schildkrötenrücken und
wurde zu der Insel, die unsere Vorväter Mishee Mackinakong
(Ort der Großen Schildkröte) nannten.

Auf dieser Insel gebar Geezhigoquae Zwillinge, einen Jungen
und ein Mädchen. Sie wurden Anishnabeg (Gute Wesen oder
Spontane Wesen) genannt. Geezhigoquae war ein Himmels-
wesen, ihre Kinder aber Erdenwesen, und so fiel es ihr anfangs
schwer, sie richtig zu versorgen, doch Bär, Saugkarpfen, Fisch-
marder und Krähe halfen ihr, die Kinder zu nähren, zu kleiden
und es ihnen behaglich zu machen. Sie wuchsen auf, und
schließlich kehrte Geezhigoquae in ihr Zuhause im Himmel
zurück. Immer wenn der Mond scheint, erinnern wir uns an die
erste aller Mütter.

Die Anishnabeg lebten auf der Insel Mishee Mackinakong und
vermehrten sich. Das waren strahlende, glückliche Tage voller
Hoffnung und Lachen, guten Mahlzeiten und stillen Nächten.
Dann breitete sich plötzlich eine Krankheit aus, und die Anishnabeg starben wie die Mücken im Herbst. Es gab keine Erklä-
rung und kein Heilmittel für die Krankheit – bis Kitche Manitu
vier Geister sandte, die den Menschen Weisheit und Medizin
vermittelten.

Von Epingishmook (Der Westen) gezeugt und von Winonah
(Nährt mit der Brust), einer sterblichen Frau, geboren, hinterließen diese vier Geister, jeder nach seiner Art, den Menschen
etwas, das zu ihrem Wohl diente. Mudjeekawiss (Ältester Sohn)
war der Krieger. Groß, stark und kämpferisch, bewachte er die
Grenzen des Anishnabeg-Landes. Zur Verteidigung unseres
Volkes unterwarf er den mächtigen Bären-Stamm und entriß
ihnen das Wampum, auf dem unsere Vorväter ihre Taten ver-
zeichneten.

Papeekawis (Sohn, der Durchbricht), der zweite Sohn, war der
künstlerisch Begabte. Schön, geschmeidig und anmutig, liebte er
Rituale, Tänze und Zierat. Er verbrachte seine Tage mit dem
Erfinden neuer Tänze, dem Entwerfen ausgefallener Kostüme

und der Verfeinerung der Zeremonien. Manchmal stach ihn der Hafer, und er spielte seinen Brüdern Streiche. Er brachte ein Gefühl für Schönheit in die Welt unserer Vorväter.

Chibiabos (Geist-Kaninchen), der dritte Sohn, war still, sanftmütig und nachdenklich. Tagsüber hielt er sich am Wasser, in den Wäldern oder auf den Wiesen auf und lauschte den Grillen oder den Sperlingen oder dem Wind und den Wellen. Nachts kam er ans Feuer, um zum Klang der Trommel zu singen. Chibiabos erweckte in unseren Leuten die Liebe zur Harmonie in Musik und Gesang.

Der letzte Sohn war Nanabush. Er war einer von uns, doch gehörte er auch der Welt der Geister an. Mal war er Mensch, mal Geist. Er konnte töricht sein, aber auch weise und gütig. Er lehrte uns, was wir tun sollen und nicht tun sollen. Er lehrte uns die Künste des Heilens und des Erkennens, aber auch die größte aller menschlichen Tugenden: Freundlichkeit. Sein Geist ist immer noch unter uns.

Als Nanabush etwa ein Jahr alt war, starb seine Mutter. Die alte Nokomis (Großmutter) zog ihn auf. Sie lehrte ihn zwar alles, was sie wußte, doch erzählte sie ihm nichts über seine Herkunft. Als Nanabush älter wurde, vernahm er Gerüchte, denen er entnehmen mußte, daß sein Vater Schuld am Tode seiner Mutter war. Er machte sich auf, seinen Vater zu suchen und zu töten. Vater und Sohn fochten einen erbitterten Kampf aus, doch keiner konnte den anderen besiegen, welche Listen oder übernatürlichen Kräfte sie auch aufboten. Sie waren Geister – Götter – und daher einander ebenbürtig. Am Ende waren sie beide des Kämpfens müde und vereinbarten Waffenruhe. Sie gelobten, nie wieder die Waffen gegeneinander zu erheben, und rauchten zur Bekräftigung die Friedenspfeife. Von jenem Tag an rauchen unsere Leute die heilige Pfeife, um die Leidenschaften zu beschwichtigen und Friedfertigkeit zu erzeugen.

Als unsere Vorväter noch auf Mishee Mackinakong lebten, stiegen sechs wundersame Wesen aus dem Wasser und kamen ans Ufer. Sie waren halb verhungert, und nichts schützte ihren Körper; einer von ihnen brach noch am Strand zusammen und starb. Unsere Vorväter erbarmten sich der Fremden und gaben ihnen Nahrung, Kleidung und Medizin, so daß sie bald wieder zu Kräften kamen.

Nun waren die Anishnabeg zwar überaus freundlich, aber an Wissen und Erfahrung mangelte es ihnen noch. Und so bedankten sich die Fremden für die Behandlung, die sie erfahren hatten, indem sie unsere Vorväter etwas lehrten und ihnen so auch zeigten, daß Freundlichkeit mit Freundlichkeit vergolten wird. Buzwaewae (Echo-Vogel) lehrte sie die Grundsätze und die Kunst der Führerschaft. Noka (Bär), Krieger und Wächter, zeigte ihnen, wie man die Familie und den Stamm schützt und verteidigt. Waubizhaezh (Marder) machte vor, wie man die Familie und die Gemeinschaft mit dem Lebensnotwendigen versorgt. Waussee (Sonnenfisch) führte sie in die Kunst des Lehrens und Lernens ein. Und Misheekaehn (Große Schildkröte) unterwies sie in der Heilkunst und im Umgang mit der Geisterwelt. Dann verschwanden diese Geist-Wesen wieder, und unsere Ahnen machten sie als Symbole für die fünf Grundzüge des Menschendaseins zu ihren Totems. Und die Totems wurden zu Banden der Brüderlichkeit und Einheit unter unseren Leuten.

Nach und nach erholten unsere Ahnen sich vom Wüten der Seuche. Ihre Lebenskraft kehrte zurück, und bald wurden sie zu zahlreich für ihre ursprüngliche Heimat. Viele verließen Mishee Machkinakong und siedelten sich in der Umgebung oder weiter weg an. Nach Osten, Westen, Norden und Süden brachen sie auf und gründeten Ansiedlungen zu beiden Seiten des Kitche-Ojibwa-Gameeng (Großer See der Anishnabeg). An Buchten und Engstellen siedelten sie, wo es von Weißfischen wimmelte und Hirsche in ganzen Herden lebten: Gaumeenautikawayauk (Ort der Vielen Beeren), Wausswaugunning (Ort der Fackelfischerei), Nipigong (Ort der Wasser), Boweting (Ort der Stromschnellen), Teemigameeng (Tiefer See), Nipissing (Ort der Ulmen), Kitche-Gaugeedjwung (Großer Wasserfall) und Wauwi-Autinoong (Runder See).

Die Landnahme ging friedlich vor sich. Aber es gab andere Leute, die Mundawaek (Spottdrossel-Leute), denen die Ausbreitung unserer Vorväter ein Dorn im Auge war. Sie stellten eine große Streitmacht auf, um die Anishnabeg zu vertreiben und auszulöschen. Ihre Krieger fielen über unsere Krieger her, und unser Vorväter sagen, die Schlacht habe viele Tage lang getobt. So heftig wurde gekämpft – und so sehr kamen die Mundawaek in Bedrängnis –, daß sie sogar Jungen und Mädchen in den Kampf schickten. Am Ende siegten unsere Ahnen und nahmen die überlebenden Mundawaek in den Stamm auf. Nach den Worten unserer Ahnen war dieser Krieg der größte und blutigste Kampf, an dem die Anishnabeg je teilnahmen. Nie wieder gab es solch einen Krieg.

Die Geschichte unseres Volkes ist hier nicht zu Ende. Sie geht weiter und wird auch künftig weitergehen – und manchmal ist es gut, innezuhalten, um auszuruhen und zurückzublicken. Wir blicken mit Stolz und Dankbarkeit zurück: stolz auf den Mut, die Kraft und die Taten unserer Leute; dankbar für die vielen Dinge, die sie uns hinterließen.

Mancherlei ist aus der Vergangenheit und von unseren Ahnen auf uns überkommen: eine wohlklingende Sprache, erbauliche Zeremonien, Überlieferungen, die wir pflegen und fortführen können. Wir sind die Erben uralter Einsichten in die Natur des Lebens und der Dinge. Von den Alten haben wir die Weisheit, die uns in allen Dingen des Lebens leitet. Unsere Erbschaft ist wahrhaft groß. Laßt uns nie vergessen, was wir unseren Ahnen verdanken. Und laßt uns stets der Pflichten gegenüber den Kindern eingedenk bleiben.

Mino-waewae setzte sich wieder. Lange Zeit hörte man nichts als Vogelrufe und das Knacken des Feuers. Mino-waewaes Worte waren verklungen, doch die Gedanken und Träume, die sie geweckt hatten, waren noch da, und so saßen die Männer und Frauen in der Runde schweigend und versunken. Erst als der Hüter des Feuers aufstand und Holz auflegte, kehrten sie in die Gegenwart zurück.

Ningiziwaush erhob sich. »Neekaunissidoog! N'dawaemau-doog!« begann er und schaute in die Gesichter ringsum. »Wir heißen euch willkommen. Ihr seid von weither gekommen, um unserer Einladung zu folgen. Ihr habt euer Dorf und euer Zuhause verlassen, ihr habt Jagd und Fischfang hintangestellt und damit die Gefahr der Nahrungsknappheit auf euch genommen – um an dieser Ratsversammlung teilzunehmen. Wir freuen uns, daß ihr gekommen seid.

An euren Gesichtern und der Kraft eurer Schritte erkennen wir, daß Kitche Manitu gut zu euch war. Er hat euch die Reise angenehm und leicht gemacht. Wir danken Kitche Manitu, daß er euch behütet hat. Und wir bitten ihn, euch auch auf dem Rückweg zu behüten.

Neekaunissidoog! N'dawaemaudoog! Solange ihr bei uns seid und bleiben möchtet, werden wir unser Feuer, unsere Nahrung, unsere Gedanken und unser Lachen mit euch teilen. Ihr sollt nicht frieren oder hungern oder dürsten. Wir freuen uns, euch zu sehen, und wir hoffen, daß ihr nach der Beratung noch bei uns bleibt, um die Freundschaftspfeife zu rauchen und die Einheit des Geistes zu erneuern, die uns alle verbindet.

Häuptling Mishi-Waub-Kaikaik war zugegen, als der Weiße Mann zu uns kam. Er wird nun erläutern, was wir hier zu beraten haben.« Mishi-Waub-Kaikaik stand langsam auf. Alt war er geworden. Er hatte das Gespräch zwischen dem Offizier und Häuptling Ningiziwaush genau vefolgt und seither viel darüber nachgedacht, was dieses Angebot für seine Leute bedeuten würde. Er sprach mit entschlossener und fester Stimme.

Der Appell

Neekaunissidoog! N'dawaemaudoog! Etwa einen Monat mag es her sein, daß eine Abordnung weißer Männer in dieses Dorf kam – wie unsere vertriebenen Brüder aus dem Osten vorausgesagt hatten.

Sie bekundeten die Absicht, unser gesamtes Land zu kaufen, und dafür boten sie uns Geld und Geschenke; und sie sagten, sie würden jedes Jahr eine Summe Geldes zur Verfügung stellen, solange die Sonne scheint, die Flüsse fließen und das Gras wächst. Sie sagten, ein Teil des Landes werde ausschließlich uns vorbehalten bleiben, zur Nutzung und für den Bau unserer Hütten; man werde Schulen bauen und Lehrer schicken, damit sie die Kinder zum Wohl unserer Gemeinschaft unterrichteten. Sie sagten, sie würden uns zur Erleichterung des Lebens Arzneien, Kleider, Werkzeuge und Jagdausrüstungen zur Verfügung stellen sowie Gerätschaften für den Ackerbau, damit auch wir Bauern werden können wie sie. Sie versicherten uns, wir dürften auf dem Land, das wir ihnen übereigneten, jagen und fischen, wann immer wir wollten. Und sie versprachen, man werde das Land, das uns vorbehalten bleiben soll, gegen alle Übergriffe schützen.

Seit jenem Treffen sind meine Träume, ist mein Schlaf unruhig, und mein Geist ist voller Sorge. Ich möchte tun, was recht und gerecht ist für beide Seiten, für unsere Leute und die Fremden.

Ich erinnere mich, daß der Weiße Mann sagte, seine Leute seien arm und brauchten das Land, um Nahrung zu beschaffen, um ihre Feuer zu unterhalten und für das Wohl ihrer Kinder. Ich möchte nicht, daß alte Menschen und Kinder hungrig und obdachlos sind. Wir müssen freundlich und großzügig sein.

Aber ich erinnere mich auch an unsere Brüder aus dem Osten. Sie sagten, wenn wir das Land verkauften, würden wir unsere Alten und unsere eigenen Kinder verraten – wie sie es getan hatten. Und ich möchte unsere eigenen Leute nicht berauben und arm machen. Wir alle wissen: Bei all dem Land, das wir bewohnen, und all den Jagdgründen, die wir besitzen, gibt es doch Streit unter uns. Um wieviel schärfer und häufiger werden diese Uneinigkeiten unter uns und zwischen uns und dem Weißen Mann werden, wenn noch mehr Menschen dieses Land bewohnen!

Und selbst wenn wir sicher sein könnten, daß unser Leben und das des Weißen Mannes durch den Verkauf unseres Landes bereichert wird – hätten wir selbst dann das Recht, es aufzugeben? Wenn wir das Land fortgeben, geben wir die Rechte unserer Kinder fort, denn das Land ist ein Geschenk Kitche Manitus an unser Volk. Kein Geschenk kann sich dem Geschenk Kitche Manitus vergleichen – und dieses Geschenk anderen zu überlassen, das wäre wie eine Ablehnung. Unser Land wurde denen geschenkt, die nicht mehr sind und deren Knochen in dieser Erde ruhen; aber auch den Jetzigen, deren Füße noch die Pfade treten, und denen, die noch kommen. Der Stamm ist der Eigentümer dieses Landes, solange das Stammesfeuer brennt. Wenn unsere Generation vergangen ist, geht die Eigentümerschaft auf die nächste über. So ist es immer gewesen. Und so sollte es sein.

Aber der Weiße Mann denkt anders, und ich verstehe ihn nicht. Vielleicht ist mein Geist zu klein, um diese neuen Gedanken zu fassen. Das Land zu besitzen und zu beherrschen, wie der Weiße Mann es wünscht – welchen Sinn hat das? Kann der Mensch einen Windstoß besitzen, ein Stück fließendes Wasser? Kann er ein Wolkengebirge beherrschen, eine Elchherde?

Nein. Laßt euch nicht irreführen. Es ist nicht der Mensch, dem das Land gehört; es ist das Land, dem der Mensch gehört. Und wir, die Anishnabeg, erhielten dieses Land zugewiesen. Es bietet uns alles, was wir brauchen: es nährt uns, es stillt unseren Durst, es gewährt uns Unterkunft, und wir folgen dem Lauf seiner Jahreszeiten. Es gibt uns die Freiheit, zu kommen und zu gehen, je nach seiner Natur und Ausdehnung – große Freiheit, wenn es weit ist, kleine Freiheit, wenn es klein ist. Und wenn wir sterben, werden wir in dieser Erde begraben, die uns alle überlebt. Durch Geburt, durch unsere Bedürfnisse und durch unsere Zuneigung gehören wir zu diesem Land. Kein Mensch darf sich anmaßen, das Land zu besitzen. Nur dem Stamm als ganzem gehört es.

Neekaunissidoog! N'dawaemaudoog! Haben wir das Recht,

unsere Heimaterde zu verkaufen? Haben wir das Recht, unsere Kinder ihres Anspruchs auf dieses Land zu berauben? Haben wir das Recht – selbst wenn wir einhellig dieser Meinung wären – zu verkaufen, was ein Geschenk Kitche Manitus ist und auch denen gehört, die nach uns kommen? Ich kann das nicht glauben.

Neekaunissidoog! N'dawaemaudoog! Welche Sicherheiten haben wir dafür, daß die Preisgabe von Teilen unserer Heimat unser Leben wirklich verbessern wird? Wir haben keine. Wenn wir nicht zum richtigen Urteil kommen, werden unsere Lagerfeuer und unser Stammesfeuer ebenso erstickt wie die Feuer unserer Brüder und Schwestern im Osten.

Neekaunissidoog! N'dawaemaudoog! Manche von unseren Leuten leiden Not, und wir hören, daß manche von den Leuten des Weißen Mannes ebenfalls Not leiden. Man sagt uns, wenn wir von unserem Land abgäben, wäre beiden Seiten geholfen. Ich vermag nicht einzusehen, wie das gehen soll. Wenn wir dem einen etwas wegnehmen und es dem anderen geben, so ist nur der froh, der etwas erhält. Dem anderen fehlt dann etwas, und er wird voller Groll sein.

Neekaunissidoog! N'dawaemaudoog! Generation für Generation durchstreiften unsere Vorväter ungehindert dieses Land, entfachten ihre Feuer, wo immer sie wollten, und begruben ihre Toten an Orten, die jetzt heilig sind. Auch wir haben uns an diesem Land und seinen Freiheiten erfreut, und unsere Kinder und deren Kinder sollten dieselben Rechte haben. Was ich für euch und für andere Kinder wünsche, ist ein Ort, an dem wir in Frieden und ohne Mangel zu leiden, leben können, ein Ort, wo wir unsere Kinder aufwachsen sehen und lachen hören, wo wir im Alter die Freundschaftspfeife rauchen können, wo wir bei unseren Leuten sterben und neben unseren Ahnen begraben werden können.

Neekaunissidoog! N'dawaemaudoog! Nun kennt ihr meine Gedanken. Das ist alles, was ich zu sagen habe.

Nachdem Mishi-Waub-Kaikaik wieder Platz genommen hatte, trat eine lastende Stille ein. Die Anishnabeg-Häuptlinge achteten nicht nur die Meinung eines jeden anderen, sondern wahrten auch in allen Dingen Zurückhaltung. Zudem hatten sie etwas zu erörtern, das sehr schwer wog und ihnen noch nicht vertraut war. Erst nach langem Schweigen erhob sich ein anderer Häuptling, um das Wort zu ergreifen.

Drei Tage lang berieten die Häuptlinge und betrachteten die anstehenden Fragen von allen Seiten. Es gab keine Debatte. Sie alle trachteten Licht in die Dinge zu bringen, indem sie die vorgetragenen Anschauungen aus ihrem Blickwinkel weiter vertieften oder interpretierten. Sie leiteten ihre Aussagen ein mit Ausdrücken wie: »Ich habe noch ein anderes Verständnis davon ...« Und neue Gesichtspunkte wurden aufgegriffen mit Worten wie: »Unser Bruder hat uns um einen Gedanken bereichert ...« oder »Der Große Geist hat mich verstehen lassen ...«

Gleichwohl waren sie am Ende der Beratung noch genauso weit wie am Anfang von einer Einigung darüber entfernt, welche Antwort man dem Weißen Mann geben solle. Ein Teil von ihnen war für die Abgabe des Landes, weil sie mit den Armen Mitleid hatten und glaubten, es werde für alle Land genug dasein. Die übrigen waren gegen den Verkauf, weil sie an der Vertrauenswürdigkeit der Vertragspartner zweifelten und weil zu zahllosen Einzelfragen noch keinerlei konkrete Vorschläge vorlagen.

Nach und nach verließ eine Familie nach der anderen, eine Gruppe nach der anderen die Ratsversammlung. Alle versprachen, die Sache weiter zu überdenken, bevor man sich vor Einbruch des Herbstes wieder treffen würde, um dem Weißen Mann gegenüberzutreten.

Das zweite Angebot

Im Frühherbst erschien der Offizier wieder in Ningiziwaushs Dorf, wie zuvor von Soldaten und einem Dolmetscher begleitet. Er trug ein dringendes Ersuchen des Großen Weißen Vaters bei sich, daß die Häuptlinge aller Stämme, die von dem Vertragsentwurf betroffen waren, sich zu einer Konferenz einfinden mögen. Zum zweitenmal sandte Ningiziwaush seinen Kurier aus, um die anderen Häuptlinge zusammenzurufen – doch diesmal kamen nicht alle. Mizaun kam nicht, und Mishi-Waub-Kaikaik kam nicht. Wie Ningiziwaush waren diese beiden Häuptlinge entschieden gegen den Verkauf des Landes.

Am Tag der Konferenz saß der Offizier an einem vor seinem Zelt aufgestellten Klapptisch, neben ihm sein Captain und der Dolmetscher. Auch die Soldaten in ihren glitzernden Uniformen waren da. Als Ningiziwaush bereit war, führte er die Schar der Häuptlinge zum Zelt des Offiziers. Auch sie trugen ihre prächtige Zeremonialkleidung – den Federschmuck, feinste Hirschhaut und den mit Muscheln verzierten Brustschild aus Knochen.

Etwa zwanzig Schritte vor dem Tisch blieben die Häuptlinge stehen, und nur Ningiziwaush trat mit seinem Kurier vor. Der Offizier erhob sich und trat vor den Tisch, einen Adjutanten zur Rechten und den Dolmetscher zur Linken. Er überbrachte Ningiziwaush den Gruß des Großen Weißen Vaters, und der Dolmetscher übersetzte seine Worte.

Ningiziwaush hörte sich die freundliche Begrüßung an und erwiderte: »Bruder! Der große Geist hat uns einen guten Tag geschenkt. Wir haben euer Angebot erwogen. Bevor wir euch jedoch unsere endgültige Antwort geben, brauchen wir noch Aufklärung über manche Einzelheiten, die bisher nicht erwähnt wurden.«

Der Dolmetscher übersetzte, und der Offizier nickte. Er bot Ningiziwaush die Hand, und der Häuptling ergriff sie. Er setzte sich wieder auf seinen Stuhl und sah zu, wie die Häuptlinge im

Halbkreis Platz nahmen, während der Adjutant ein Dokument öffnete. Der Offizier nahm es und begann vorzulesen. Der Dolmetscher übersetzte, so gut er konnte, und die Häuptlinge hörten aufmerksam zu.

Als Entgelt für die Abtretung von Land wird der Große Weiße Vater den Stamm unter seinen Schutz nehmen und ihm seine Freundschaft gewähren, und besagter Stamm wird sich als unter dem Schutz des Großen Weißen Vaters und keiner anderen Macht stehend betrachten.
Die erstgenannte Vertragspartei wird sechzig gute und gediegene Wohnbauten errichten lassen.
Die erstgenannte Vertragspartei wird der letztgenannten Vertragspartei über einen Zeitraum von fünf Jahren kostenlos Weizen, Mais, Kartoffeln und Gemüse für den Anbau liefern.
Die erstgenannte Vertragspartei wird bei der Vermessung des im Stammesbesitz verbleibenden Landes und bei seiner Aufteilung in 25-Acre-Parzellen helfen.
Die erstgenannte Vertragspartei wird kostenlos die Werkzeuge und Gerätschaften bereitstellen, die zur Bebauung des Landes erforderlich sind.
Die erstgenannte Vertagspartei wird den Häuptlingen und ihren Familien zum Nutzen des Stammes die Summe von fünftausend Dollar zahlen oder zahlen lassen.
Die erstgenannte Vertragspartei wird jedem Stammesmitglied und seinen Nachkommen als Entschädigung jährlich und ohne zeitliche Begrenzung die Summe von einhundert Dollar zahlen.

So ging die Lesung und so gingen die Versprechungen noch lange weiter.
Danach ging alles sehr schnell. Der Offizier fragte Ningiziwaush, ob er und die anderen Häuptlinge die Einzelheiten des Vertrages verstanden hätten, und ob sie nun bereit seien, das Dokument zu unterzeichnen. Die Indianer hatten verstanden –

doch Ningiziwaush erklärte, sie müßten noch einmal unter sich über einige Einzelheiten beraten. Danach würden sie gern noch Fragen stellen. Der Offizier lächelte zustimmend, und die Häuptlinge zogen sich zurück.

Nur zwei Stunden vergingen, bis die indianische Abordnung zurückkehrte. Die Häuptlinge, so sagte Ningiziwaush, hätten eine einzige wichtige Frage zu stellen: Würde es ihnen auch in Zukunft erlaubt sein, überall auf dem abgetretenen Land zu jagen und Nahrung zu sammeln wie in der Vergangenheit? Wieder lächelte der Offizier. Die Antwort, sagte er, laute: Ja. Und dann erinnerte er die Häuptlinge an die weiteren Versprechen, die der Vertrag enthielt: die Bereitstellung von Vieh und anderen Haustieren für den Aufbau von Farmen; der Bau von Wohnungen und Schulen, die Entsendung von Lehrern. All das würden sie künftig ihr eigen nennen.

Würden sie nun den Vertrag unterzeichnen?

Die Entscheidung

Ja, entschieden die Häuptlinge. Der Vertrag erschien ihnen redlich und vernünftig. Sie würden unterzeichnen. Nur Ningiziwaush weigerte sich. Er sagte, er könne sein Einverständnis nur geben, wenn Einmütigkeit herrschte, wenn also auch Mizaun und Mishi-Waub-Kaikaik dem Vertrag zustimmten. Er verließ die Konferenz in Gedanken an Mishi-Waub-Kaikaiks Worte, daß kein Mensch das Recht habe, das Geschenk des Großen Geistes wegzugeben.

Als er fort war, unterzeichneten die übrigen Häuptlinge. Jeder machte ein Kreuz unter das Dokument und zeichnete daneben ein Bild seines Totems. Anschließend beschenkte der Offizier sie mit allerlei Kleinigkeiten und Schmuck, aber auch mit Gewehren und Pulver, Messern und Äxten. Zum Zeichen der Freundschaft und des Friedens rauchte man die Pfeife, und der Offizier ließ zur Feier des Tages ein Rumfäßchen öffnen.

Vor Sonnenuntergang unterzeichneten die Häuptlinge und der Offizier ein weiteres Dokument. Ein Doppel des Originals, sagte der Offizier lächelnd.

Die Folgen

Im nächsten Frühjahr kamen die Soldaten in Ningiziwaushs Dorf zurück und vertrieben den Häuptling und seinen Stamm aus ihrer Heimat. Den ganzen Sommer über verfolgten die Soldaten die Schar der Flüchtenden aus neunzig Männern, Frauen und Kindern, und als es Herbst wurde, hatten sie die Hälfte von ihnen getötet. Schließlich ergab sich Ningiziwaush. Die Soldaten nahmen ihn mit, und er wurde nie wieder gesehen.

Was aber die betrifft, die den Vertrag unterzeichnet hatten – sie erhielten Unterkünfte in unfruchtbaren Gegenden und Vieh, das zu nichts taugte. Sie erhielten Saatgut für schlechten Boden; sie erhielten Werkzeuge und Geräte, aber nichts, womit man sie reparieren konnte. Es kamen Agenten, die eigentlich ihre Interessen vertreten sollten, von denen sie aber in Wirklichkeit betrogen wurden; es kamen Missionare, die ihre Zeremonien verdammten. Ihre Jagd- und Fischgebiete wurden immer kleiner, die Vorschriften und Bedingungen immer strenger. Sie erhielten Geld – aber nicht die versprochenen Summen und schon gar nicht ohne zeitliche Begrenzung. Immer wieder wurden die Verträge, auf die sie gebaut hatten, geändert, widerrufen, angefochten oder für nichtig erklärt.

Siedler kamen nicht sofort. Aber als sie dann kamen, ereilte Unterzeichner und Nichtunterzeichner der Verträge das gleiche Schicksal. Es machte keinen Unterschied.

Die alte, vergessene Warnung hatte sich bewahrheitet: *Eure Zeit wird kommen! Ihr werdet eure Heimat verlieren! Auch ihr werdet umherirren!*